企业文化建设与思想政治工作创新研究

李安坤 ◎ 著

线装书局

图书在版编目（CIP）数据

企业文化建设与思想政治工作创新研究 / 李安坤著. -- 北京：线装书局，2024.5
ISBN 978-7-5120-6084-5

Ⅰ.①企… Ⅱ.①李… Ⅲ.①企业文化－建设－研究－中国②企业－政治工作－研究－中国 Ⅳ.①F279.23 ②D412.62

中国国家版本馆CIP数据核字(2024)第080436号

企业文化建设与思想政治工作创新研究

QIYE WENHUA JIANSHE YU SIXIANG ZHENGZHI GONGZUO CHUANGXIN YANJIU

作　　者：	李安坤
责任编辑：	曹胜利
出版发行：	线裝書局
地　　址：	北京市丰台区方庄日月天地大厦B座17层（100078）
电　　话：	010-58077126（发行部）010-58076938（总编室）
网　　址：	www.zgxzsj.com
经　　销：	新华书店
印　　制：	廊坊市广阳区九洲印刷厂
开　　本：	710mm×1000mm　1/16
印　　张：	13.25
字　　数：	200千字
版　　次：	2024年5月第1版第1次印刷
定　　价：	88.00元

前　言

在当今全球经济一体化的时代背景下，企业面临的竞争与挑战日益加剧。为了在激烈的市场竞争中脱颖而出，企业不仅需要加强内部管理，提高运营效率，更需要关注企业文化的建设与思想政治工作的创新。企业文化作为企业的灵魂，是员工共同遵循的价值观和行为准则，而思想政治工作则是激发员工潜能、凝聚团队力量的重要手段。因此，深入研究和探讨企业文化建设与思想政治工作创新，对于提升企业的核心竞争力、实现可持续发展具有重要意义。企业文化建设的核心在于塑造企业独特的价值观和品牌形象，使员工产生归属感和使命感，进而激发其积极性和创造力。然而，在实际操作过程中，很多企业在文化建设上还存在诸多问题，如理念空洞、形式化严重、缺乏创新等。因此，我们需要从多个角度入手，加强企业文化建设的研究与实践，推动企业文化的落地生根。

思想政治工作作为企业管理的重要组成部分，对于提高员工的思想觉悟、增强企业的凝聚力具有重要作用。然而，传统的思想政治工作往往过于单一、僵化，难以适应现代企业的需求。因此，我们需要不断探索和创新思想政治工作的新思路、新方法，以适应企业的发展需要。企业文化建设与思想政治工作之间存在着密切的联系。一方面，企业文化建设为思想政治工作提供了丰富的素材和载体，使得思想政治工作更加贴近实际、深入人心；另一方面，思想政治工作的创新也为企业文化建设注入了新的活力和动力，使得企业文化更加鲜活、有生命力。

本书从企业文化的形成与发展入手，介绍了企业文化的基本原理、企业文化的内容体系以及建设企业文化的路径，接着概述了思想政治工作与文化建设的基本内容，并深入探讨了施工企业思想政治工作的工作模式、施工企业思想政治工作中的现状与问题分析、施工企业文化建设的工作模式以及企业文化建设与思想政治工作创新等内容。

  本书的写作汇集了作者辛勤的研究成果，值此脱稿付梓之际，作者深感欣慰。本书在写作过程中，虽然在理论性和综合性方面下了很大的功夫，但由于作者知识水平以及文字表达能力的有限，在专业性与可操作性上还存在着较多不足。对此，希望各位专家学者和广大的读者能够予以谅解，并提出宝贵意见，作者当尽力完善。

目 录

第一章 企业文化的形成与发展 ………………………………… 1
- 第一节 认知"文化" ……………………………………………… 1
- 第二节 企业文化的形成 …………………………………………… 6
- 第三节 企业文化的发展 …………………………………………… 17
- 第四节 国内外企业文化特征比较 ………………………………… 24

第二章 企业文化的基本原理 …………………………………… 30
- 第一节 企业文化的内涵及特征 …………………………………… 30
- 第二节 企业文化的类型和模式 …………………………………… 36
- 第三节 企业文化的基本功能和价值 ……………………………… 40
- 第四节 企业文化理论的基石 ……………………………………… 45

第三章 企业文化的内容体系 …………………………………… 61
- 第一节 企业价值观 ………………………………………………… 61
- 第二节 企业精神 …………………………………………………… 69
- 第三节 企业伦理道德 ……………………………………………… 79
- 第四节 企业形象 …………………………………………………… 84

第四章 建设企业文化的路径 …………………………………… 90
- 第一节 企业文化建设的一般规律 ………………………………… 90
- 第二节 企业文化建设的基本原则 ………………………………… 94
- 第三节 企业文化建设的步骤和方法 ……………………………… 98
- 第四节 企业文化建设的保证体系 ………………………………… 110

第五章　施工企业思想政治工作与文化建设的概述 119
第一节　思想政治工作的内涵与功能 119
第二节　企业文化的内涵与功能 123
第三节　相关基础理论分析 127
第四节　思想政治工作与文化建设共生关系分析 138

第六章　施工企业思想政治工作的工作模式 143
第一节　施工企业思想政治工作的目标与原则 143
第二节　施工企业思想政治工作的具体措施 146
第三节　基层思想政治工作和企业文化的考核与监督 151

第七章　施工企业思想政治工作中的现状与问题分析 157
第一节　施工企业思想政治工作的现状——良好方面 157
第二节　施工企业思想政治工作中存在的问题 160
第三节　施工企业思想政治工作问题的解决措施 168
第四节　加强施工企业思想政治工作的实践 176

第八章　施工企业文化建设的工作模式 181
第一节　施工企业文化建设的目标与原则 181
第二节　施工企业文化建设的具体措施 185

第九章　企业文化建设与思想政治工作创新 193
第一节　企业文化建设与思想政治工作创新融合发展 193
第二节　企业文化建设与思想政治工作的创新 196

参考文献 203

第一章　企业文化的形成与发展

企业文化是20世纪80年代从管理科学丛林中分化出来的一门新学科，是不断创新的知识体系，开篇的这一部分，主要论述企业文化形成的时代背景和实践基础，介绍企业文化在国内外的发展历程及国内外企业文化的不同特征。

第一节　认知"文化"

一、文化的含义

文化是社会发展到一定阶段的产物，在我国自古就有。先是"文"与"化"的复合词，"文"指修饰，"化"指变化，后来才合二为一，一起使用。"文化"的本意是经过人的修饰使事物发生变化，西汉刘向在《说苑·指武》中有这样的表述："圣人之治天下，先文德而后武力，凡武之兴，为不服也，文化不改，然后加诛。"这里的文化是指文德和教化，在西方，"文化"一词源于拉丁文"cultura""colo"等词，指栽培、培养、照顾等。通俗地讲，"文化"是指通过人工劳作，将自然界的野生动植物加以驯化和培养，使之成为符合人类需要的品种。后来，还包括个人的技能、人格、品德和心灵的修炼，人际关系的培养等。

到了近现代，不同的学者对文化赋予了不同的含义，可以说是众说纷纭。归纳起来，大致有以下三种解释：

1. 著名人类学者泰勒提出了文化的定义

即文化就是由作为社会成员的人所获得的，包括知识、信念、艺术、道德、法则、法律、风俗以及其他能力和习惯的复杂整体。

2.《苏联大百科全书》对文化进行了广义和狭义的区分

广义的文化是指在一定的历史发展水平下，人们进行生活和活动的类型和形式，以及人们所创造的物质和精神财富。狭义的文化仅指是人们的精神生活领域。

3.《辞海》一直沿用广义与狭义的文化定义

从广义上讲，文化是指人类在社会历史实践中所创造的物质财富和精神财富的总和；从狭义上讲，文化是指社会的意识形态以及与之相适应的制度和组织机构。

总之，文化的定义多种多样。我们认为，文化是指人类在社会历史实践中所创造的物质财富和精神财富的总和，包括一系列习俗、规范和准则的总和。文化起着规范、导向和推动人及社会发展的作用。

二、文化的起源

中国古代文化著作多是经世致用的，对此问题虽有所论及，也多归于"圣人"，而不愿意追根究底。如《周礼·冬官·考工记》谈到物质文化创造时说："百工之事，皆圣人之所作也。烁金以为刃，凝土以为器，作车以行陆，作舟以行水，此皆圣人之所作也。"中国古人虽然也相信神，也创造过丰富多彩的神话、传说，但是中国古代一直没有形成占统治地位的神学，而社会文化意识的核心乃是祖宗思想，即认祖宗而不信上帝令中国古籍中关于文化起源问题的说法多与氏族祖先的功德联系起来。例如，《周易》说伏羲氏"结绳而为网罟"；黄帝、尧、舜"垂衣裳"，"剥木为舟，刻木为楫"，"服牛乘马，引重致远"，"断木为杵，掘地为臼"，"弦木为弧，划为木矢"。《山海经》又说："淫梁生番禹，是始为舟""莫仲生吉光，吉光始以木为车"。说法虽然不一，但显然都将文化的创造归功于部落首领，不仅物质文化的创造被认为是部落首领的功劳，精神文化创造同样也是如此。又如，八卦是伏羲氏"仰观天象，俯察地法"创造的，医学知识是神农"尝百草之滋味，水泉之甘苦"创造的等。

在古代希腊罗马时期，由于神学占据统治地位，所以文化的起源也多被归于神造。柏拉图认为，世界万物都是神、造物主注视着永恒不变的模型创造出来的。精神文化也来源于"神示"。柏拉图的"神示"说到罗马时期被普罗提诺发展为"流溢"说，即新柏拉图主义。这种学说认为，宇宙存在着最高的精神实体（太一），从中流出"理性"，流出"世界灵魂"，文化则是灵魂概念的统合表现。到中世纪，圣·奥古斯丁又用新柏拉图主义论证基督教义，把文化创造看成是上帝的意志。奥古斯丁的《上帝之城》就是"神意"说的代表作。他所说的文化，即宗教文化，上帝创造的文化。

三、文化的基本要素

社会学家们一般认为，文化由六种基本要素构成：

（1）信仰，是关于世界如何运转的观念。

（2）价值观，是道德评价的标准。

（3）规范和法令，是行为的指导方针。

（4）符号，观念和价值观的表征。

（5）技术。

（6）语言。

四、文化的分类

斯特恩根据文化的结构和范畴把文化分为广义和狭义两种概念。广义的文化即大写的文化，狭义的文化即小写的文化。

汉科特·汉默里把文化分为信息文化、行为文化和成就文化。信息文化指一般受教育本族语者所掌握的关于社会、地理、历史等知识；行为文化指人的生活方式、实际行为、态度、价值等，它是成功交际最重要的因素；成就文化是指艺术和文学成就，它是传统的文化概念。

五、文化的层次

因为文化具有的多样性和复杂性，很难赋予文化一个准确、清晰的分类标准。因此，这些对文化的划分，只是从某一个角度来分析的，它是一种尝试。

对文化的结构解剖，有两分说，即分为物质文化和精神文化；有三层次说，即分为物质、制度、精神三层次；有四层次说，即分为物质、制度、风俗习惯、思想与价值；有六大子系统说，即物质、社会关系、精神、艺术、语言符号、风俗习惯。

文化有两种，一种是生产文化，一种是精神文化。科技文化是生产文化，生活思想文化是精神文化。任何文化都为生活所用，任何一种文化都包含了一种生活生存的理论和方式、理念和认识。

至于对文化的结构，不同的说法有很多。一般把它分为下列几个层次：物态文化、制度文化、行为文化、心态文化。

物态文化层是人类的物质生产活动方式和产品的总和，是可触知的具体实在的事物，如衣、食、住、行。

制度文化层是人类在社会实践中建立的规范自身行为和调节相互关系的准则。

行为文化层是人际交往中约定俗成的礼俗、民俗、习惯和风俗，它是一种社会的、集体的行为。

心态文化是人们的社会心理和意识形态，包括人们的价值观念、审美情趣、思维方式以及由此而产生的文学艺术作品。这是文化的核心，也是文化的精华部分。

有些人类学家将文化分为三个层次：高级文化，包括哲学、文学、艺术、宗教等；大众文化，指习俗、仪式以及包括衣食住行、人际关系各方面的生活方式；深层文化，主要指价值观的美丑定义、时间取向、生活节奏、解决问题的方式以及与性别、阶层、职业、亲属关系相关的个人角色。高级文化和大众文化均根植于深层文化，而深层文化的某一概念又以一种习俗或生活方式反映在大众文化中，以一种艺术形式或文学主题反映在高级文化中。

广义的文化包括四个层次：一是物态文化层，由物化的知识力量构成，它是人的物质生产活动及其产品的总和，是可感知的、具有物质实体的文化事物；二是制度文化层，由人类在社会实践中建立的各种社会规范构成，包括社会经济制度、婚姻制度、家族制度、政治法律制度、家族、民族、国家、经济、政治、宗教社团、教育、科技、艺术组织等；三是行为文化层，以民风民俗形态出现，表现在日常起居动作之中，具有鲜明的民族、地域特色；四是心态文化层，由人类社会实践和意识活动中经过长期孕育而形成的价值观念、审美情趣、思维方式等构成，是文化的核心部分。心态文化层可细分为社会心理和社会意识形态两个层次。

六、文化的作用

人类由于共同生活的需要才创造出文化，文化在它所涵盖的范围内和不同的层面所发挥的主要功能和作用有：

1. 整合

文化的整合功能是指它对于协调群体成员的行动所发挥的作用，就像蚂蚁过江。社会群体中不同的成员都是独特的行动者，他们基于自己的需要，根据对情景的判断和理解采取行动。文化是他们之间沟通的中介，如果他们能够共享文化，那么他们就能够有效地沟通，消除隔阂、促成合作。

2. 导向

文化的导向功能是指文化可以为人们的行动提供方向和可供选择的方式。通过共享文化，行动者可以知道自己的何种行为在对方看来是适宜的、可以引起积极回应的，并倾向于选择有效的行动，这就是文化对行为的导向作用。

3. 维持秩序

文化是人们以往共同生活经验的积累，是人们通过比较和选择认为是合理并被普遍接受的东西。某种文化的形成和确立，就意味着某种价值观和行为规范的被认可和被遵从，这也意味着某种秩序的形成。而且只要这种文化在起作用，那么由这种文化所确立的社会秩序就会被维持下去，这就是文化维持社会秩序的功能。

4. 传续

从世代的角度看，如果文化能向新的世代流传，即下一代也认同、共享上一代的文化，那么，文化就有了传续功能。

中国文化是中华民族在长期发展历史中的伟大创造物，是整个民族智慧和创造力的结晶。数千年来，它不但在中国历史上大放光彩，惠及炎黄子孙，而且在汉代开辟"丝绸之路"以后，影响了西方世界的历史与文化，传播与影响广泛、深远。

第二节 企业文化的形成

一、企业文化形成的历史背景

（一）企业文化的产生

第二次世界大战结束后，企业管理实践发生了许多新的变化。随着科学技术的迅猛发展，企业生产条件得到极大改善，脑力劳动比例扩大且逐渐成为决定生产率的主导力量，劳动者的主体意识日益觉醒。同时，由于市场范围的不断扩大，以及市场竞争的日益激烈，传统的基于"经济人"假设、强调严密控制为主的管理方式受到越来越多的挑战。正如美国管理大师彼得·德鲁克曾呼吁的："现在商学院所传授的、教科书里所描绘的、总经理们所认同的管理学已经过时了。"而强调企业中"软"因素的作用，以人为中心的新的管理模式逐渐成形，尤其是日本经济奇迹的启示更使得这种管理模式受到全世界的瞩目。

1. 日本经济奇迹的启示

日本是第二次世界大战的战败国，但日本经济却在战后短短30年左右的时间里迅速崛起，曾一跃成为世界第二大经济强国。贴着"日本制造"的工业品在20世纪七八十年代以迅猛之势影响着全球几乎所有的市场，改变了世界经济竞争的大格局。当时，日本在汽车生产方面胜过了美国和德国，在摩托车方面令英国黯然失色，在手表、照相机和光学仪器生产方面超过了传统强国德国和瑞士，在钢铁生产、造船、电子产品方面结束了美国的统治地位。

日本经济崛起的原因何在？从宏观的角度来看，日本经济的成功无疑与日本政府强有力的工业政策，重视技术引进和产品出口，重视教育投入有直接关系。但从微观角度分析，日本经济增长源于企业的活力和竞争力，这种活力和竞争力依赖于独特的管理模式。美国的一些经济学家和管理学家在深入考察后发现，在日本企业获得成功的多种因素中，排在第一位的既不是企业的规章制度、组织形式，更不是资金、设备和科学技术，而是独特的"组织风土"，即企业文化。日本企业界普遍认为，管理的关键是企业通过对员工的教育和领导者的身体力行，树立起大家共同遵循的信念、目标和价值观，培育出全体员工同心协力、共赴目标的"企业精神"。由于这种"企业精神"是管理中的"软"因素，与社会文化有着密切的联系，但又不是整个社会文化，而仅仅是一个企业的传统风貌的"亚文化"或"微观文化"，因此被称为"企业文化"。在日本企业的影响下，世界范围掀起了第一次企业文化热潮。

2. 美国经验的总结和实践的发展

美国受到来自日本经济成功的启示，对自身的管理模式进行了反省与经验总结。20世纪70年代后的美国，虽然仍是世界经济中心之一，但是相对实力下降。日本人的成就使美国人震惊，他们不得不放下架子，开始认真研究和学习日本的企业管理经验，并反思美国企业的成败得失。企业文化研究领域的四本早期经典著作：威廉·大内的《Z理论——美国企业界如何迎接日本的挑战》、理查德·帕斯卡尔和安东尼·阿索斯的《日本企业管理艺术》、特雷斯·迪尔和阿伦·肯尼迪的《企业文化——现代企业的精神支柱》和托马斯·彼得斯和小罗伯特·沃特曼的《成功之路——美国最佳管理企业的经验》都是在这个时期出版的。美国人通过对日本管理经验的研究，得出了以下几条重要的结论。

（1）美国的生产率较低和经济发展缓慢，其重要的原因在于：美国的管理不重视人的作用，企业文化没有搞好。相反，日本的生产率提高和经济发展速度之所以能在资本主义世界中排名第一，在于日本的管理重视人的作用，企业文化搞得好。

（2）企业价值观是企业文化核心内容之一，日本的集体主义价值观比美国的个人主义价值观更优越。这是因为，生活中的一切重要的事情都是由于协力或集体力量做出的。因此，企图把成果归于个人的功劳都是毫无根据的。

（3）企业文化建设的经验具有普遍意义，日本的管理方法虽然不能照搬照抄，但却值得美国学习、借鉴。比如美国通用汽车公司别克汽车装配厂的实践就是一个有力的证明。该厂原是全公司效率和质量最低的工厂之一，后来以近似日本的管理方式重新设计了管理体制，结果不到两年，该厂的效率和质量就在全公司范围内上升为第一位。

在借鉴经验的基础上,美国的很多企业改变了原有的管理方式,通过不断的实践创新,使得文化管理这种新的模式逐渐走向成熟。其中的经典代表就是通用电气公司(GE)》的文化管理。

杰克·韦尔奇曾在通用电气公司(GE)担任董事长兼首席执行官长达20年,他用自己的管理实践为人们诠释了一种全新的企业管理和领导艺术——文化管理。韦尔奇在1981年上任时,GE的股票在此前的10年间贬值了50%。他首先实施"三环"计划(将公司业务集中于核心、技术和服务三方面的战略),对企业进行了一系列的"外科手术"式的变革,卖掉难以在行业内居领先地位的200多个企业,买进了包括美国广播公司在内的70个企业,将GE从一个日益老化的工业制造企业改变为经营多样化的全球性生产巨头。1985年,GE明确提出了5条价值观,并印刷成可以随身携带的价值观卡片发给每一名员工。随着时间的推移,GE价值观的表述也不断发生变化。韦尔奇关于价值观的主要经验有:"价值观是塑造组织的一个驱动力量""在录用、辞退以及晋升中以价值观为指引""确保每一个员工知道公司的价值观""每隔几年就要对价值观进行修订以反映价值观以及知识上的进步""绝不要低估价值观的价值"。为了使他倡导的价值观深入人心,韦尔奇花了大量的精力和时间来培训员工,特别是各级管理人员,18年中亲自在公司讲授250多次课程。在韦尔奇的领导下,GE公司内部形成与知识化和信息化的社会相适应的团队组织和参与式、学习式的新型文化。GE连续多年被美国《财富》杂志、《金融时报》分别评为"全美最受推崇的公司"和"全球最受尊敬的公司"。韦尔奇本人也被誉为20世纪最杰出的企业家和最成功的首席执行官。韦尔奇的管理方式被一些美国学者称为"基于价值观的领导"。

当韦尔奇在GE推动文化管理模式时,美国的很多公司也都先后进行着管理模式的变革。在美国企业界,特别是优秀企业家在实践中对企业管理内的本质规律比过去有了更为深刻的认识:强调领导(即对人的管理,而不是对物的管理),重视目标和价值观的作用。这实际上就是基于价值观的领导,即文化管理的观点。

可以说，二战后"以人为中心"的管理思想的发展和实践探索，促成了企业文化的兴起；加之，随后出现的全球经济、文化一体化和知识经济兴起的趋势，更使企业文化的实践得以迅速发展。

（二）文化管理的蓬勃发展

管理大师克雷格·&.希克曼指出："21世纪是文化管理的世纪，是文化制胜的世纪，每一个追求卓越的企业家，都必须学习文化管理。"我国著名经济学家、国家自然科学基金委员会管理科学部主任成思危也认为："如果说20世纪是由经验管理进化为科学管理的世纪，则可以说21世纪是由科学管理进化为文化管理的世纪。"在面临更加激烈的市场竞争环境时，科学技术可以学习，制度可以模仿，但是像企业全体员工内在追求这样的一种企业文化层面上的东西却是很难移植、很难模仿的。从这个意义上说，21世纪企业的竞争也是企业文化的竞争。

企业文化的兴起，是20世纪后半期这个历史时代的产物。进入21世纪，公司经营的国际化、世界经济文化的一体化以及知识经济的兴起，这三大趋势孕育着"文化制胜"时代的来临。

1. 公司经营的国际化趋势

随着知识和经济之间相互渗透、相互作用、相互交融的趋势越来越强劲，公司经营国际化的趋势越来越明显，资源配置冲破国别的限制，产品纷纷销往国外市场，资本也在国际市场上寻找更好的机会扩张。在这种经营环境下，竞争已不再局限于一个国家或地区，企业纷纷实施全球化战略，子公司或分支机构遍布各国。在这种跨国公司中，越来越多的具有不同国籍、不同信仰、不同文化背景的人为同一家公司工作，同时也使得管理面临着新的问题。如来自不同民族、国家与文化背景的员工之间的文化冲突，这种由文化的差异所导致的文化障碍很容易造成集体意识的缺乏，职责分工不清，信息不能充分交流与共享，从而引起企业运转低效、反应迟钝，不利于全球化战略的执行。如何构建企业共同的经营观，使每一位员工能够把自己的思想与行为同企业的经营目标与宗旨结合起来，促进不同文化背景的人之间的沟通与理解，仍然离不开以人为本的企业文化的管理。

2. 世界经济文化一体化的趋势

由于现代交通运输工具和通信设备的出现，世界各国、各民族相对缩短了地理上的距离，文化得以迅速而广泛地传播与交流，出现了趋同的倾向。这种世界各国文化的趋同现象，对各国的传统文化结构产生深远的影响，尤其是发达国家的强势文化对比较落后的国家的文化冲击越来越大。人们的价值观、道德观、风俗习惯发生了巨大的改变，视野更加开阔，思想更加开放，而生活水平和文化教育水平的提高更是促成人们渴望尊重和自我实现等需要更高层次的满足，人们在不断追求新颖、时尚、高品质生活方式的同时，工作的自主性和独立性也越来越强，民主意识日渐高涨。"以人为中心"的企业文化管理日益凸显出其重要性。

经济全球化带动文化趋同化，文化趋同化又促进经济全球化的发展。经济全球化促进了不同国家间企业管理经验与文化的交流，向跨国公司提出了如何把本企业文化应用于国外，如何调动不同文化背景下的员工的积极性问题；文化趋同化也促成了各国生活方式和消费习惯的趋同，为企业文化的传播和推广准备了肥沃的土壤，这也是企业文化得以迅速发展的重要原因。

3. 知识经济的兴起

知识经济的兴起给人类的思维方式、工作方式和生活方式带来一场深刻的革命——做任何事情几乎都离不开计算机、网络。在强调知识作用的宏观环境下，组织形式呈现出多样化的趋势，人们的需求也日益复杂化，这都使得企业文化在企业管理中的作用更显重要。

（1）企业联盟带来的企业文化的挑战。"协作竞争、结盟取胜、双赢模式"是美国著名的麦肯锡咨询公司提出的 21 世纪企业发展的新战略。自 20 世纪 80 年代以来，这种战略从形式到内容，都发生了巨大的变化，结盟、兼并、接管的事例层出不穷。近几年来，随着世界上企业联盟的日益增多，给企业文化发展提出了新的要求，即企业重组后企业文化怎样融合的问题。因为在企业联合、兼并的过程中，不能只从经济和财力方面考虑问题，更重要的是要注重文化方面的差异。一般来说，各个企业都有各自的文化特征、创业历史、发展目标、经营理念、所处环境、队伍素质等，所形成的企业文化也必然各具特色、互有差异。如果没有企业文化的融合，就会出现"貌合神离，形连心不连"的现象。所以，只有做到取长补短、扬优避劣、达成共识，形成"结盟取胜、双赢模式"型的企业文化，企业才更具生命力、凝聚力和竞争力。要做到这一点，必须注意以下两个方面：一方面，要遵循从实际出发的原则，根据联合兼并企业的不同情况区别对待；另一方面，双方都应注意克服排斥对方的自大心理，加强相互的了解与交流，吸纳对方文化的精华，发展成为经过融合后更为优秀的企业文化。

（2）知识工作者的增加提出了文化管理的新需求。杜拉克在1999年撰写的《21世纪的管理挑战》一书中指出，怎样提高知识工作者的生产力，怎样对知识工作者进行管理，是企业在21世纪面对的最大挑战。知识工作的特点是看不见、摸不着，其劳动强度和质量在更大程度上取决于人的自觉性和责任感。在无形的知识工作面前，泰勒的时间和动作研究已经无用武之地。对于知识工作者，应该充分调动他们的工作积极性，引导和利用他们自我实现的需要，以内在激励为主，以自我控制为辅。在知识经济时代，更加应该采用文化管理的办法，而不是以往的理性管理。

（3）虚拟企业的运作需要企业文化的支撑。伴随着互联网的普及，世界上出现了一种新型的企业组织——虚拟企业。虚拟企业是一种区别于传统企业组织形式的以信息技术为支撑的人机一体化组织。其特征以现代通信技术、信息存储技术、机器智能产品为依托，实现传统组织结构、职能及目标。在形式上，没有固定的地理空间，各个公司、部门、员工可能分散在各处，工作时间也没有统一的要求。那么，如何管理虚拟企业？在分散化、虚拟化的组织中，几乎互不见面的员工认同的是企业的共同目标、共同愿景，维系他们的是群体价值观，组织成员通过高度自律和高度的价值取向实现组织的共同目标；在快速的内外环境变化中，学习与创新成为企业的活力，企业精神、企业风气对于创新的促进作用必然减少制度化、标准化的制约；面对越来越多的个性化需要，企业宗旨、企业道德更有利于引导企业去尽最大的努力满足顾客。文化管理对于虚拟企业而言，可谓恰到好处。

二、企业文化形成的实践基础

企业文化作为一种新的管理理论之所以成为世界性的潮流，绝不是偶然的，而是有其客观的实践基础的。

1. 企业文化是美国应付日本经济挑战的需要

第二次世界大战后的日本经过短短的二三十年，居然重新回到国际舞台，成为举足轻重的经济强国。当时，面对日本经济的挑战，一向居于经济领先地位的美国倍受威胁。为了应付和迎战日本经济的挑战，美国的企业管理学家纷纷前往日本学习，开始认真反思，研究日本企业成功的秘密，于是出现了20世纪70年代后期的美日比较管理学研究的热潮。他们发现，日本人之所以成功，一个重要原因就是他们能够在全国范围内拥有一种强烈的文化。阿伦·肯尼迪和特雷斯·迪尔经过对数十家美国公司调查研究后得出了如下结论：在美国企业中，强烈的文化几乎总是取得持续成功的驱动力量。因此，摆脱美国企业困境的答案不是模仿日本人，也不是依赖数字分析和"科学"管理工作，而应像苹果酱那样是地道的美国式的：美国企业应该回到历史上曾造就了许多伟大的美国公司的独创性观念和设想中去，塑造出强烈的企业文化。由上可知，日本经济腾飞的奥秘在于他们重视企业文化的建设。正是由于这一认识的深化和普及，美国等发达国家相继掀起了一股研究企业文化的热潮。

2. 西方企业管理理论发展的需要

由于日本企业成功的实践，西方企业界自20世纪80年代以来，就围绕着如何提高人的素质、调动人的积极性、为企业寻求不竭的发展动力，做了比较系统深入的研究。这是因为，一方面，生产力的高度发展引起生产、经营组织发生很大的变更，导致人在生产经营中地位的提高，企业员工的自主意识增强，独立创造机会增多，每个个体对经济组织的影响力、作用力空前提高；另一方面，由于竞争日益激烈，迫使企业具有更高的整体协调性，因而要求企业所有员工个人的行为都要符合企业发展的需要。上述两方面的变化，客观上都要求企业经营者的管理方式必须从"以物为中心"转到"以人为中心"上来。西方企业文化理论正是顺应这股潮流而诞生的，西方发达国家许多成功的企业正是靠企业文化达到了调动企业员工积极性的目的。企业文化之所以成为现代企业管理科学的新学科及其发展的新阶段，是现代管理科学几十年间合乎逻辑发展的必然结果。

3\. 企业适应国际市场竞争和综合运用现代科学知识的需要

企业的外部环境具有日益开放的性质，企业经营的国际化趋势日益增强，国际市场上竞争和企业兼并日趋激烈。竞争中的获胜者都是具有强有力的企业文化的企业。因此，可以说，企业竞争也就是企业文化的较量。西方发达国家企业在重重挑战的威胁下能否继续生存和发展，其关键在于经营者要面对客观现实，要有勇于改进管理的决心和毅力。为此，他们在现代科学管理的基础上，吸收社会学、社会心理学、行为科学、公共关系学、美学、思维科学、决策科学、文化人类学等学科的有关成果，经过交叉和融合，形成企业文化这一现代管理科学的新学科，从而将企业管理理论推进到了一个新的历史阶段。20 世纪 80 年代以来，企业文化理论在世界范围内迅速传播，成为最流行的管理新理论。

三、企业文化理论诞生的标志

在总结日本企业成功的管理经验，并与美国成功及失败企业相比较的基础上，20 世纪 80 年代初，在美国先后出版的 4 本以论述企业文化为核心内容的管理学著作，被合称为企业文化研究的"四重奏"，标志着企业文化理论的诞生。

1\. 威廉·大内的《Z 理论——美国企业界如何迎接日本的挑战》

在书中，他把典型的美国企业管理模式称为 A（AmeriCa）型，把典型的日本企业管理模式称为 J（Japan）型，而把美国少数几个企业自然发展起来的、与 J 型具有许多相似特点的企业管理模式，称为 Z 型。Z 理论之"Z"（Zygote），就是主张日本和美国的成功经验应相互融合，同时主张在麦格雷戈区分"X 理论"和"Y 理论"的基础上再来一次重大的理论突破。

Z 理论的中心议题就是：怎样才能使每个人的努力彼此协调起来以产生最高的效率。为此，应注重信任、微妙性和人与人之间的亲密性。①信任，即研究出使雇员之间、部门之间、上下级之间保持相互信任的管理制度。②微妙性，即根据工人之间的微妙关系组成效率最高的搭档，或者由工人小组自己管理工艺，以便充分捕捉微妙性来提高生产率。③亲密性，即在工作单位培育像家庭、邻里、俱乐部那样的人与人之间的亲密性。

Z模式的基本特征是：①实行长期或终身雇用制，使职工在职业有保障的前提下，更加关心企业利益。②对职工实行长期考核和逐步提升制度。③培养能适应各种工作环境的多专多能人才。④管理过程中，既注重各种现代科学技术的控制手段，又注重对人的经验和潜能进行细致有效的启发诱导。⑤采取集体研究与个人研究负责制结合的"统一思想形式"的决策方式。⑥树立员工平等观念，在整体利益指导下，每个人都可以对事物做出判断，独立工作，以自我控制代替系统控制，上下级间建立融洽的关系。

Z理论的重点研究对象是企业宗旨，即怎样才能够使一个企业增加信任、微妙性和亲密性。制定明确的企业宗旨必须做到：①企业的基本目标或目的，所应包括的不只是利润目标，还应包括技术进步和服务质量这样一些较为无形的目标，即目标全面性原则。②应该说明，经理和工人如何分享权力，如何做出决策，防止"不择手段"，即手段合理性原则。③企业同社会和经济环境的关系，要处理好公司同其所有者、雇员、顾客以及同一般公众的恰当关系，即关系和谐性原则。

2. 理查德·帕斯卡尔和安东尼·阿索斯的《日本企业管理艺术》

两位学者通过对日、美许多行业的32家企业的调查分析得出以下结论：任何一种明智的管理，都涉及七个变量，并且必须把它们看成是相互关联的。经过一番提炼，把七个变量的英文都写成以S开始，并画成一个图来表示，因此就获得了"7S管理框架"的名称，如图1-1所示。

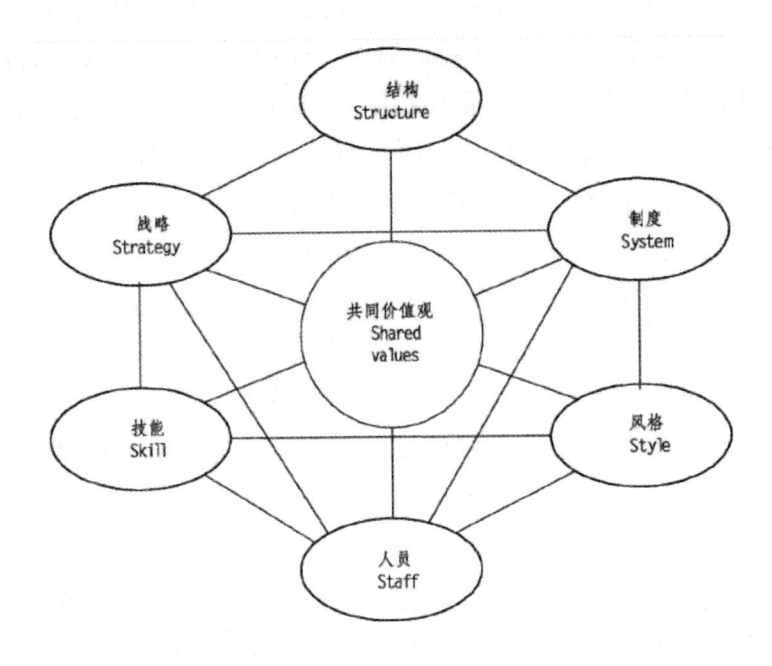

图　7S 管理框架图

7S 管理框架图中的七个变量，又称管理七要素。按照帕斯卡尔等人的解释："战略（strategy）"是指一个企业如何获得和分配它的有限资源的行动计划。"结构（structure）"是指一个企业的组织方式是分权还是集权，重视一线人员还是重视参谋人员。"制度（system）"是指信息在企业内部是如何传送的。有些制度是正式的，如电子计算机的打印输出和计划执行情况报表等；有些制度是非正式的，如会议。这三者是硬管理要素，其余四个是软管理要素："人员（staff）"不只是指一线和参谋人员，而是指企业内部整个人员的组成状况。"技能（skill）"是指企业和它的关键性人物的特长以及其竞争对手所没有的卓越能力。"风格（style）"是指最高管理人员和高级管理人员队伍的行为形式，也可以指企业的作风。"共同的价值观（shared values）"是指能将职工个人的目的同企业的目的真正结合在一起的价值观或目标，是决定企业命运的关键性要素。共同的价值观处于"7S 管理框架"的中心地位，把其他六个要素连接成一个整体，"7S 管理框架"为企业的软化管理提供了理论依据。

3.特雷斯·迪尔和阿伦·肯尼迪的《企业文化——现代企业的精神支柱》

这是企业文化理论诞生的标志性著作。两位作者认识到，每个企业都有一种文化，区别只在于有些企业的文化支离破碎，职工分成不同的派别，各有各的目的动机，可称之为"弱文化"；有些企业的文化很有内聚力，每个职工都知道企业的目标，并且为这些目标而努力工作，可以称之为"强文化"。他们认为"杰出而成功的公司大都有强有力的企业文化"，因为企业中最大的资源是人，"是人在推动企业的发展"。而管理人的最好办法，并不是利用计算机来进行监视，而是运用文化的微妙影响。文化能"把人团聚到一起，并使他们的日常生活充满了意义和目的"。强文化是一套非正式的规章体系，它为职工提供了行为的框架、标准和价值体系，从而明确地告诉人们一言一行应该如何自律，还使人对工作感到舒畅而更努力工作。企业管理人员必须很清楚地理解企业文化是怎样发挥作用的，否则管理工作就会失败。他们认为，企业文化的要素有五项：企业环境、价值观、英雄、仪式、文化网络等。《企业文化》对如何了解企业文化及调查企业文化等提出了许多意见，对企业文化的类型、分析方法、管理者与职工的关系都做了精辟的论述。

4.托马斯·彼得斯和小罗伯特·沃特曼的《成功之路——美国最佳管理企业的经验》

作者通过对美国60多家公司的研究发现，卓越的企业"有一套独特的文化品质，是这种品质使它们脱颖而出"。在此基础上，作者提出革新性文化八种品质说：①贵在行动，行动迅速、决策果断；②紧跟顾客或客户，以优秀的产品和优秀服务维持优势；③鼓励革新，容忍失败，全力支持敢闯敢做的改革者；④以人促产，珍视人力资源，通过人的潜能的发挥来提高生产率；⑤深入现场，以价值观为轴心，把公司每部分的各种力量凝聚到企业目标上来；⑥不离本行，展开多角化经营，增强应变能力；⑦精兵简政，简化组织结构，减少层次；⑧紧中有松，松中有紧，善于处理矛盾，注重管理艺术。总之，在出色企业里"软也就是硬"，如文化传统本来是最软的东西，但是在优秀公司里却是最硬的。

企业文化理论把对人与对物的管理以及被西方历史传统分割开来的人的物质生活和人的精神生活，努力统一于企业管理之中。与前三个阶段的管理理论相比，更加注重企业宗旨、企业价值观等"软"因素。这种理论既控制了人们对问题做出反应的方式，又取得了他们之间的协调，是现代管理科学发展的新阶段。

第三节 企业文化的发展

企业文化是 20 世纪 80 年代从管理科学丛林中分化出来的一门新学科，是不断创新的知识体系。它之所以引起企业界和学术界的广泛关注和研究，根本原因是由于它给企业注入的生命活力，以及它给企业带来的有形的和无形的、经济的和社会的双重效益。

一、国外企业文化的发展

企业文化是指在一定的社会经济条件下，通过社会实践所形成的并为全体成员遵循的共同意识、价值观念、职业道德、行为规范和准则的总和，是一个企业或一个组织在自身发展过程中形成的以价值为核心的独特的文化管理模式。企业文化是社会文化与组织管理实践相融合的产物。企业文化是西方管理理论在经历了"经济人""社会人""自我实现人"与"复杂人"假设之后，对组织的管理理念、管理过程与组织长期业绩的关系的又一次重新审视。

19 世纪末到 20 世纪初，西方工业化发展到以大机器和生产流水线为主要生产方式的阶段，企业经营者关心的问题主要是生产效率和投入产出比。在这种条件下，泰勒的科学管理模式和韦伯的"科层制"的应用就导致了一系列理性化的管理实践，但是，它们都是基于"理性经济人"的假设，认为人的行为动机就是为了满足自己的私利，工作是为了得到经济报酬。科学管理理论对当时的工业化进程产生了深远的影响。20 世纪 20 年代到 30 年代，"霍桑实验"使人们注意到组织中的人际关系、非正式群体等因素对组织效益的影响，开始关注包括自我实现在内的人的社会性需要，于是导致了一系列激励理论的出现。这些理论强调人际关系在管理中的重要性，以人的社会性为基础,提出用"社会人"的概念来代替"经济人"的假设。系统论的应用和权变理论的发展导致了西方组织管理在20世纪70年代的"战略热"和"系统热",即重点由组织内部的管理转向战略管理,强调组织结构和系统的协调与适应能力。20世纪80年代初,随着日本企业的崛起,人们注意到了文化差异对企业管理的影响,进而发现了社会文化与组织管理的融合——企业文化,它是企业发展到一定阶段,企业领导人在企业创业阶段关于经营理念、基本假设等达成的共识。

(一)国外企业文化研究的总体情况

20世纪70年代末,日本经济实力的强大对美国乃至西欧经济形成了挑战。在这种形势下,人们注意到日美企业管理模式的不同,发现理性化管理缺乏灵活性,不利于发挥人们的创造性和与企业长期共存的信念,而塑造一种有利于创新和将价值与心理因素整合的文化,才能真正对企业长期经营业绩和企业的发展起着潜在的却又至关重要的作用。

20世纪80年代,企业文化的研究以探讨基本理论为主,如企业文化的概念、要素、类型以及企业文化与企业管理各方面的关系等。

20世纪90年代,企业文化研究出现了四个走向:一是关于企业文化基本理论的深入研究;二是关于企业文化与企业经营业绩的研究;三是关于企业文化测量的研究;四是关于企业文化的诊断和评估的研究。

迄今为止,有关企业文化的专著约有60多部,论文分布在十几种管理学和心理学期刊中。企业文化的研究在20世纪八九十年代已经成为管理学、组织行为学和工业组织心理学研究的一个热点,这段时间也被称为管理的企业文化时代。

(二)国外企业文化研究的具体内容

1. 20世纪80年代国外企业文化研究的兴起

企业文化研究在20世纪80年代出现了两种派别:一派是以美国麻省理工学院的爱德加·沙因教授为代表的定性化研究,他们对企业文化的概念和深层结构进行了系统的探讨,也曾提出进行现场观察、现场访谈以及对企业文化评估的步骤等。但是,由于这种方法难以进行客观的测量,在探讨组织文化与组织行为和组织效益的关系时，难以进行比较研究，因而受到批评；另一派是以密歇根大学工商管理学院的罗伯特·奎恩教授为代表的定量化研究，他们认为组织文化可以通过一定的特征和不同的维度进行研究，因此，他们提出了一些关于组织文化的模型，这些模型可以用于组织文化的测量、评估和诊断。但是，这种方法被归为现象学的方法，认为只是研究组织文化的表层，而不能深入组织文化的深层意义和结构。

1984年，奎恩和肯伯雷将奎恩提出的用于分析组织内部冲突与竞争紧张性的竞争价值理论模型扩展到对组织文化的探查，以探查组织文化的深层结构和与组织的价值、领导、决策、组织发展策略有关的基本假设。该理论模型有两个主要维度：一是反映竞争需要的维度，即变化与稳定性；另一个是产生冲突的维度，即组织内部管理与外部环境。在这两个维度的交互作用下，出现了四种类型的组织文化：群体性文化、发展型文化、理性化文化和官僚式文化。竞争价值理论模型为后来组织文化的测量、评估和诊断提供了重要的理论基础。

1984年，沙因发表了《对企业文化的新认识》一文，1985年出版了其专著《组织文化与领导》，他对组织文化的概念进行了系统的阐述，认为企业文化是在企业成员相互作用的过程中形成的，为大多数成员所认同的，并用来教育新成员的一套价值体系。沙因教授还提出了关于企业文化的发展、功能和变化以及构建企业文化的基本理论，他把组织文化划分成三种水平：①表面层，指组织的明显品质和物理特征（如建筑、文件、标语等可见特征）；②应然层，位于表层下面，主要指价值观；③突然层，位于最内部，是组织用以对付环境的实际方式。沙因提出的关于企业文化的概念和理论为大多数研究者所接受，爱德加·沙因也因此成为企业文化研究的权威。

2. 20世纪90年代国外企业文化研究的发展

进入20世纪90年代，随着企业文化的普及，企业越来越意识到规范的企业文化对于企业发展的重要意义，并在此基础上，以企业文化为基础来塑造企业形象。因此，企业文化研究在20世纪80年代理论探讨的基础上，由理论研究向应用研究和量化研究方面迅猛发展，出现了如下四个走向。

（1）关于企业文化基本理论的深入研究。20世纪90年代，西方企业面临着更为激烈的竞争和挑战，因此，企业文化的理论研究从对企业文化的概念和结构的探讨发展到企业对文化在管理过程中发生作用的内在机制的研究。其中具代表性的有如下几个。

1990年，本杰明·斯耐德出版了他的专著《组织气氛与文化》，其中提出了一个关于社会文化、组织文化、组织气氛与管理过程、员工的工作态度、工作行为和组织效益的关系的模型。在这个模型中，组织文化通过影响人力资源的管理实践、组织气氛，进而影响员工的工作态度、工作行为以及对组织的奉献精神，最终影响组织的生产效益

1990年，吉尔特·霍夫斯塔德及其同事将他提出的民族工作文化的四个特征（权力范围、个人主义与集体主义、男性化与女性化和不确定性回避）扩展到对组织文化的研究，通过定性和定量结合的方法增加了几个附加维度，构成了一个企业文化研究量表。

1997年，沙因的《组织文化与领导》第2版问世，在这一版中，沙因增加了在组织发展各个阶段如何培育、塑造组织文化，组织主要领导如何应用文化规则来领导组织以达成组织目标、完成组织使命等；他还研究了组织中的亚文化。1999年，沙因与沃瑞·本尼斯出版了他们的专著《企业文化生存指南》，其中用大量的案例说明了在企业发展的不同阶段企业文化的发展变化过程。

1999年，特雷斯·迪尔和阿伦·肯尼迪再次合作，出版了《新企业文化》，在这本书中，他们认为稳定的企业文化很重要，他们探寻企业领导在使企业保持竞争力和满足工人作为人的需求之间维持平衡的途径。他们认为，企业经理和企业领导所面临的挑战是建立和谐的企业运行机制，汲取著名创新型公司的经验，激励员工，提高企业经营业绩，迎接21世纪的挑战。

（2）关于企业文化与企业经营业绩的研究。1991年，密歇根大学工商管理学院的金·卡梅隆和萨尔·福瑞曼发表了《文化的和谐、力量和类型：关系与效益》一文。他们用现场调查的方法，以334家研究机构为样本，研究了文化整合、文化力量和文化类型与组织效益之间的关系。

1992年，美国哈佛大学商学院的约翰·科特教授和詹姆斯·赫斯克特教授出版了他们的专著《企业文化与经营业绩》。在该书中，科特总结了他们

在 1987—1991 年对美国 22 个行业 72 家公司的企业文化和经营状况的深入研究，列举了强力型、策略合理型和灵活适应型三种类型的企业文化对公司长期经营业绩的影响，并用一些著名公司成功与失败的案例，表明企业文化对企业长期经营业绩有着重要的影响且预言，在近 10 年内，企业文化很可能成为决定企业兴衰的关键因素。

（3）关于企业文化测量的研究。1991 年，英国的 JAI 出版公司的《组织变革与发展（第 5 卷）》刊出了五篇关于组织文化的论文。其中，有关企业文化测量的论文有 2 篇：①密歇根大学工商管理学院的 Daniel R.Denison and Gretchen M.Spreitzcr 发表的《组织文化和组织发展：竞争价值的方法》，主要介绍了竞争价值框架，描述在此框架下所定义的四种主要的文化指向，目的在于探讨竞争价值模型对于研究组织文化的用途；②科罗拉多大学工商研究生院的 Rayamond F.Zammuto 和华盛顿美国医学院学会的 Jack Y.Krakower 发表了《组织文化的定量研究和定性研究》，他们用聚类分析的方法提供了混合研究的范例；③密歇根大学工商管理学院的 Robert E.Quinnand Gretchen M.Spreitzer 发表了《竞争价值文化量表的心理测验和关于组织文化对生活水平的冲击的分析》，表明不同文化类型与生活质量之间的密切关系。

1997 年，皮埃尔杜波依斯公司出版了一套组织文化测量和优化量表，其中包括用于组织分析的模型和用于组织文化研究的步骤。其模型包括 7 个方面：①社会经济环境（包括社会文化环境和市场竞争等）；②管理哲学（包括使命、价值观、原则等）；③对工作情景的组织（包括企业组织结构、决策过程等）；④对工作情景的知觉（包括对工作的知觉和对管理的知觉）；⑤反应：组织行为（包括工作满意度、工作压力、工作动机和归属感等）；⑥企业经营业绩（质和量两方面）；⑦个人和组织变量（包括年龄、职位、个人价值观等）。

（4）关于企业文化诊断和评估的研究。1992 年，罗杰·哈里森和赫布·斯托克斯出版了《诊断企业文化量表和训练者手册》，他们确定了大部分组织共同具有的四种文化，在此基础上，针对不同企业进行相应的变化，这种诊断可用于团队建设、组织发展、提高产量等。

1998 年，金·卡梅隆和罗伯特·奎恩出版了《诊断和改变企业文化：基于竞争价值理论模型》，这部专著为诊断企业文化和管理能力提供了有效的测量工具，为理解企业文化提供了理论框架。

从国外企业文化现象的发现到企业文化研究20年的迅猛发展来看，它们走的是一条理论研究与应用研究相结合、定性研究与定量研究相结合的道路。20世纪80年代中期，在对企业文化的概念和结构进行探讨之后，便马上转入对企业文化产生作用的内在机制，以及企业文化与企业领导、组织气氛、人力资源、企业环境、企业策略等企业管理过程的关系的研究，进而对企业文化与企业经营业绩的关系进行量化的追踪研究。定量化研究是在企业文化理论研究的基础上，提出用于企业文化测量、诊断和评估的模型，进而开发出一系列量表，对企业文化进行可操作化的、定量化的深入研究。

二、国内企业文化的发展

1. 国内企业文化研究的总体情况

与国外企业文化研究的迅猛发展相比，中国的企业文化研究显得相对薄弱，这表现在以下几方面：第一，中国的企业文化研究还停留在粗浅的阶段，虽然也有一些关于企业文化的研究，但是大多数是以介绍和探讨企业文化的意义及企业文化与社会文化、企业文化与企业创新等的辩证关系为主，真正有理论根据的定性研究和规范的实证研究为数甚少；第二，中国企业文化研究严重滞后于中国企业文化发展实践，许多企业在塑造企业文化时主要是企业内部自己探讨，虽然也有专家学者的介入，但是由于对该企业文化发展的内在逻辑、该企业文化的定位、企业文化的变革等问题缺少长期深入的研究，所以，企业文化实践缺少真正的科学理论的指导，缺少个性，同时也难以对企业长期发展产生文化的推动力。因此，应该借鉴国外企业文化研究，加强中国企业文化研究，促进中国企业文化的发展。

在我国，企业文化的研究也出现了两种派别，即大陆派和港台派。在香港和台湾地区多采用霍夫斯塔德的定量化研究方法。而大陆地区则青睐于沙因"整体阐释性"研究方法和"分析框架"来阐释企业文化。回顾国内企业文化的研究史，不难看出，管理学界和企业界做了大量的理论和实践探索，建立了多角度、多方位的企业文化模式，并在企业文化同企业经营业绩的关系、企业文化与管理、企业文化的测量、企业文化理论的深入研究等方面进行了大量的卓有成效的研究，取得了一定的理论成果。

2. 国内企业文化研究的具体内容

20世纪80年代，我国学者开始了对企业文化的研究，到目前为止，大体上分为四个阶段。

第一个阶段（1983—1988年）：知识的传播和认知阶段。这一阶段研究的焦点主要是适合性问题，即企业文化理论适不适合中国企业，适不适合中国企业管理和改革的实践。

第二个阶段（1989—1991年）：低潮阶段。这一阶段研究的焦点主要是内容的正确性，即企业文化是不是正确的东西，是不是自由化的东西，是不是新型的管理理论、管理思想。

第三个阶段（1992—2000年）：知识普及和实践启动阶段。这一阶段研究的焦点，主要是企业文化知识如何普及以及企业文化如何适应社会主义市场经济的建立及如何建设中国特色的企业文化。

第四个阶段（2001年至今）：普遍实践，深入发展的阶段。这一阶段研究的焦点主要是企业文化涉及的几个核心问题：一是"以人为本"的问题；二是建设核心价值理念的问题；三是和谐社会和企业社会责任的问题。

3. 21世纪国内企业文化研究的重点

根据对国外企业文化研究的了解和对国内企业文化建设现状的分析，21世纪，中国企业文化的研究应该坚持理论研究与应用研究相结合、定性研究与定量研究相结合的原则，主要侧重于以下三个方面。

（1）在中国文化背景下，探讨中国企业文化的基础理论，研究企业文化与中国传统文化和现代社会文化的关系，企业文化与企业管理、企业环境、企业发展和企业创新的关系。

（2）加强企业文化的应用研究，关于企业文化的测量、诊断、评估和咨询的实证研究。

（3）加强企业文化的追踪研究。企业文化的塑造不是一次性完成的作品，它要随着企业的发展和变化而做出及时的调整和改变，才能对企业的长期发展产生深远的影响，所以对企业文化进行追踪研究的价值是不可低估的。

第四节 国内外企业文化特征比较

一、美国企业文化的特征

美国企业管理发展的趋势是严密化、定量化和硬科学化。在第二次世界大战中发展起来了"计划和技术至上"的思想，注重运用计划推进决策实现。美国通用汽车公司的总经理斯隆曾说过："不制订方案和计划是不可能经营的。"

进入20世纪80年代以后，这种思想受到挑战，通过深入考察和比较研究，得出一个结论：企业管理不仅是一门科学，还应该是一种文化，既有它自己的价值观、信仰、工具和语言。与日本相比，美国管理的落后不在于管理手段、方法和技术的落后，而在于企业文化的落后。

美国作为当今世界的强国，生产力和科学技术较为发达，这是与它的组织文化的发展分不开的。美国是一个"移民之国"，民族文化复杂，历史文化根基较浅。但是，移民文化的"杂交"体势，特别是产业革命与科学技术的进步，有力地推动了美国组织管理思想的发展，并且形成了一种具有强大生命力的企业文化，这种企业文化具有独特的风格。

1. 追求利润最大化是企业的终极价值目标

美国企业是独立自主的经济组织，组织的一切活动都可以归结为经济活动，因此组织活动的终极目标就是讲求经济效益，追求利润最大化。企业获利状况不仅决定着企业的前途和命运，也决定着企业及企业家在社会中的形象和地位。不仅如此，美国企业还存在着一种过分追求短期利润的急功近利的企业文化取向。这一企业文化的特质除了由资本主义的生产关系决定之外，也与投资人及社会公众对企业及其经营者的评价模式有关。

2. 以自我为中心的个人主义至上文化

美国是一个多民族的移民国家，这决定了美国民族文化的个人主义特点。

美国文化是世界移民所带来的多种民族文化兼收并蓄的结果。富于冒险与自我奋斗精神的移民们为寻求自身的发展，背井离乡，开拓进取，他们信仰个人至上，提倡个人奋斗，崇尚独立、自由、平等、竞争。这些思想至今仍深刻地影响着美国的企业文化与管理模式。这里所讲的个人主义在美国是一个褒义词，其本质含义是"自己是自己前途的主人"。在人们的观念中，人是高于组织的，组织只不过是特定人群的集合，是人的派生物。因此，美国企业一般能够在尊重个人价值、个人选择的前提下，最大限度地发挥个人的潜能和创造力，为促进个人发展和社会进步做出贡献。"个人主义"与"能力主义"紧密相连，它强调在个人自由、机会均等的基础上进行充分竞争，人们相信竞争可以推动社会发展，风险创业、机会创业的观念较重。

3. 重视法律与契约的理性主义文化

美国是一个尊崇法律、法纪严明的国度，公民有很强的法律意识，这使美国企业的法律意识普遍较为浓厚。美国人普遍认为，如果没有正当的法律过程，就不能有正义与公平。对法律的遵从使得美国企业强调按理性主义的信条办事，每做出一个决定，都必须有坚实的客观依据，强调数据与实证的重要性；讲求程序和秩序，坚持公事公办原则，有时甚至会达到在其他国家的人看来接近刻板和迂腐的程度。此外，美国企业与员工的关系，也只是在社会法制化环境下由合同或契约形式确定下来的利益关系。

4. 倾向于硬性管理的"传统文化"

重视生产经营目标、组织结构和规章制度（Z理论称为"硬管理"三要素），是美国企业管理的重要特点。美国企业的硬性管理主要表现在对员工的控制和物质激励上，即以严密的组织结构和严格的规章制度对员工行为进行规范。直到当今，发端于泰勒的过分倚重于种类数据的"管理科学"作为一个学派、一种思维方式、一种管理模式、一种基础性管理方法乃至一种"传统文化"，在美国企业中仍然具有十分重要的地位。

5. 追求卓越、变革的创新文化

就像美国的社会民众一样，美国企业最难满足于现状，历来崇尚进取与发展，事事追求卓越，具有强烈的创新意识，这是美国企业文化的一个核心特征，也是美国企业具有强大竞争力和旺盛生命力的一项基本保证。美国是一个喜功好变的国家，求变求新的观念深入人心。企业重视组织变革与组织发展，强调"新""快""变"，重视科技创新，以开拓和革新来寻求更好的行为方式和开辟新的经营领域。例如，进入20世纪末期，美国率先进入知识经济社会，美国企业便在全球范围内实施战略重组，广泛开展组织再造与业务流程再造，以适应时代的高频率、快节奏、短周期变化。

二、日本企业文化的特征

日本国土狭小，资源贫乏，自然灾害频繁，民众富于忧患意识和危机感。与中国的长期交流及农耕文化的长期发展，使日本接受了儒家学说的等级观念、忠孝思想和宗法观念。日本民族单一，内聚力强，战后从西方引进了先进的管理方法，从而形成了东西融合的独具特色的日本企业文化。

1. 以社为家、国家至上的价值观念

与欧美国家民众相比，日本人具有更强的企业观念与国家观念。日本人的社会价值观的次序是：公司—国家—家庭—个人，这与美国人的社会价值观念的次序刚好相反。日本人的价值观念更强调企业目标与社会目标的协调和统一，企业一般具有追求自身经济利益和报效国家的双重目标，员工将爱国之情体现和落实在对企业的效忠上。

2. 强调价值观念的力量和民族精神的作用

日本在建立企业文化的过程中十分注重继承民族优秀的传统文化、价值观念和道德规范。民族精神可以说是日本企业文化的基石，这种企业文化以人为中心，推崇中国儒家"仁、义、礼、智、信"的思想观念，忘我拼搏精神在企业文化中遗风犹存，这表明日本民族的开拓进取精神在企业文化中长期积淀，根深蒂固。

3. 富有集体主义和团队精神

日本企业倡导员工和睦相处，合作共事以实现共同目标，以"和"为本，注重劳资关系和谐，实行终身雇佣制，人们反对彼此倾轧，内耗外损。

4. 重视感情投资与柔性管理

日本在企业管理中始终强调以人为中心，重视感情投资与道德教化，充分发挥人、价值观、作风、技能有机组合的"软管理"作用。美国学者研究认为，美国经济发展速度一度落后于日本，重要原因之一是美国企业的"软管理"不如日本。

5. 兼容并蓄的"熔炉文化"

日本在企业管理中积极引进和传播西方的管理观念与方法，重视推崇中国传统文化，努力发掘和创造日本民族管理思想与方法，取长补短，精明善变，将各种文化因子融汇创新，具有将遵守法度、讲求秩序的西方理性主义与追求"一团和气"、讲求"温良恭俭让"的东方灵性主义融为一体的特色，形成了古今一体、东西合璧的企业文化。

三、欧洲国家企业文化的特征

西欧海岸曲折，港湾众多，水陆交通方便，气候温和宜人，这些为西欧经济文化发展提供了优越的地理条件。当今西欧文化是基督教文化、犹太教文化、希腊文化和拉丁文化相互碰撞、融合的产物，尤其是共同的基督教文化传统的影响，给西欧各国提供了一个共同的道德基础，并给西欧企业文化注入了一种普遍的哲学意义。西欧各国的组织管理思想在过去很长的历史时期内对世界各国都有很大影响。古典组织理论及其代表人物都诞生在此区域，其对西欧诸国乃至世界各国企业管理实践的指导和企业文化的生成、发展与演化具有不容忽视的影响。像英、法、德等国都有闻名于世的成功企业，它们都有自己所奉行的一套方法，都有自己所追求的企业文化。总的来看，西欧各国企业文化主要有以下特征。

1. 精神性与人文主义色彩较浓

西欧企业文化的精神主要来源于基督教。西欧国家的企业普遍强调员工互爱与劳资和谐，实施雇员参与制度与高福利制度，并在企业文化的建设过程中，重视培养员工的自豪感与主人翁意识。同时，企业普遍重视美化环境和生态环境保护，追求人与自然的和谐。

2. 追求理性与民主性管理

西欧各国的企业管理精神与管理文化深深植根于理性的基础之上，企业管理工作力求做到制度化、程序化，以此作为高效率的保证。欧洲人尤其是最富理性的德国人善于逻辑思维，考虑问题严谨周密，办事严肃认真，稳重谨慎，企业管理追求经济科学化、风险最小化，优化开发、优化质量、优化策略、优化服务的观念深入人心。要求民主是人文主义发展的必然结果，民主观念深入人心,各国强大的工会力量就是这一精神的体现。企业普遍重视员工参与管理。与西欧其他国家有所区别的是,由于独特的地理、历史、文化等原因,在民主性管理方面,德国企业文化有些例外,强调集权、独裁和直线型管理控制成为该国企业文化的重要特点。

3. 继承传统,追求卓越

西欧国家尤其是英、法等国十分尊重和注重继承传统文化,要求企业从自己的民族特点出发,生产经营适销对路的卓越产品以满足市场需求。如英国的消费品比较追求气派、矜持、庄重,讲求等级,其传统习惯不轻易改变;德国的啤酒、卡车;法国的葡萄酒、时装、化妆品等被一代又一代企业家培育成世界精品。但过分坚持传统,在某种程度上也影响了创新与发展,如英国国际地位的下降就与保守的传统文化不无关系。

4. 奋斗目标明确

西欧民族素来有着渊源极深的宏图大志,人民富有抱负。企业都制订有明确的奋斗目标,一旦目标确定,人们便以高昂的斗志和顽强的毅力去实现它。

5. 注重员工培养

欧洲各国企业一般都很注重培养和提升员工的综合素质,强调建立员工的工作责任感和职业道德感,在实践中有一种将企业建成一种"学习型组织"的愿望和倾向。

四、中国企业文化的特征

与西方国家相比,中国企业文化的形成和发展的历史是比较短暂的。日本战后的迅速崛起让世人瞩目,这其中日本的企业文化功不可没。事实上,在日本的企业文化形成过程中,中国传统文化特别是中国儒家文化发挥了巨大的作用。而儒家思想作为中国传统文化的主干,其作为封建社会的正统思想长达2000多年,对中华民族的文化心理、风俗习惯、道德伦理、价值观、人生观影响极其深远。这种深刻的影响发展至今必然渗透到中国现代企业的管理当中,并在企业文化中反映出来。在中国传统文化特别是儒家文化的熏陶下,中国企业文化表现出以下特点。

1. 具有产业报国、服务社会的理念

"以天下为己任""关心社会，奋发有为"是儒家思想的精华，是中华民族的优良传统，几千年来已经深植于人民心中。无论是何种所有制的企业，都在努力营造"以天下为己任""关心社会，奋发有为"的企业精神，让企业员工和社会认同这种精神，鼓励员工以为社会创造价值为荣，从而形成了中国民族企业家们实业报国、服务社会的理念。事实证明，这种理念既符合了民族文化传统，又遵循了企业成长的规律，必将为企业的经营和发展带来极大的推动力。例如，联想集团提出的"讲贡献、讲效益"的价值观，"同舟共济、协同作战"的整体意识，"求实进取、拼搏创业"的公司精神；海尔集团形成的"以人为本、以德为本、以诚为本、君子之争、和气为本"的企业精神等，这些无不蕴含着这一企业文化的精神。

2. 讲究人和，注重以人为本的管理方式

中国企业文化的特点之一就是以人为本，将"物"的管理和"人"的管理有机结合起来，以"人"的管理为主。中国企业文化重视人的价值和人格，即"民为贵"；正确把握人性的本质，推己及人，"己欲立而立人"，关心人、理解人、重视人、依靠人、尊重人、凝聚人、培育人，最大限度地开发企业的人力资源。中国人有"家"和"情"的理念。"家"不仅指家庭之小家，还指企业之大家，所以，中国人自幼便接受"爱家"教育，企业老板自然以"家"之理念引导员工树立集体主义价值观，在企业内外追求和谐统一，建立顺畅的人际关系。"情"则包含着尊重员工人格、促进心灵沟通、互相激励的含义。在中国，企业的领导风格基本上是协商型，领导不突出个人的地位和作用，注意同下属和员工之间建立相互信任的关系。企业实行的是集体决策，在决策方法上强调集体讨论，重视广泛听取和探讨下属人员的各种意见。全国模范企业青岛港的领导干部有一句座右铭："职工的事再小也是大事，再难也要办好。"这种以人为本的思想赢得了全体职工的拥护，职工们向领导保证："港里的事再小也是大事。"港口效益连续多年保持了增长的势头。

第二章 企业文化的基本原理

企业文化是一种微观文化现象，也是一种管理方式，还是一种管理理论。弄清企业文化这三重身份及其相互关系，进而论述企业文化的特征、分类、模式以及功能和价值，追述企业文化的理论渊源，是本章的主要学习任务。

第一节 企业文化的内涵及特征

一、企业文化的定义

关于企业文化的定义，国内外的学者有各种不同的表述，据不完全统计，国内外关于企业文化的定义大概有180多种，比较有代表性的有以下几个。

（1）美国学者约翰·科特和詹姆斯·赫斯克特认为，企业文化"是指一个企业中各个部门，至少是企业高层管理者们所共同拥有的那些企业价值观念和经营实践"，"是指企业中一个分部的各个职能部门或地处不同地理环境的部门所拥有的那种共同的文化现象"。

（2）特雷斯·迪尔和阿伦·肯尼迪认为，企业文化是价值观、英雄人物、风俗和文化网络、企业环境。

（3）威廉·大内认为，企业文化是进取、守势、灵活性——确定活动、意见和行为模式的价值观。

（4）中国企业文化研究会常务理事长张大中认为："企业文化是一种新的现代企业管理理论，企业要真正步入市场，走出一条发展较快、效益较好、整体素质不断提高、使经济协调发展的路子，就必须普及和深化企业文化建设。"

（5）中国社会科学院工业经济研究所教授、研究员刘光明认为："企业文化有广义和狭义之分，广义的企业文化是指企业物质文化、行为文化、制度文化和精神文化的总和，狭义的企业文化是指以企业价值观为核心的企业意识形态。"

我们认为，企业文化是企业在长期的生产经营活动中形成的，并且为企业员工普遍认可和遵循的具有本企业特色的管理思想、管理方式、群体意识、价值观念和行为规范的总称。企业文化既是企业成员共同的精神支柱，也是企业可持续发展的潜在生产力和内在驱动力，是企业保持永久竞争优势的源泉。文化因素，这才是维持生产力增长的最终动力，也是没有极限的动力来源。

1. 企业文化的核心是企业价值观

企业总是要把自己认为最有价值的对象作为本企业追求的最高目标、最高理想或最高宗旨，一旦这种最高目标和基本信念成为全体企业成员的共同价值观，就会构成企业内部强烈的凝聚力和整合力，成为统领组织成员共同遵守的行动指南。因此，企业价值观制约和支配着企业的宗旨、信念、行为规范和追求目标，是企业文化的核心。

2. 企业文化的中心是以人为主体的人本文化

人是企业中最宝贵的资源和财富，也是企业活动的中心和主旋律。因此，企业只有充分重视人的价值，最大限度地尊重人、关心人、依靠人、理解人、凝聚人、培养人和充分调动人的积极性，发挥人的主观能动性，努力提高企业全体成员的社会责任感和使命感，使企业和成员成为真正的命运共同体和利益共同体，才能不断增强企业的内在活力和实现企业的既定目标。

3. 企业文化的管理方式是以软性管理为主

企业文化是以一种文化的形式出现的现代管理方式，也就是说，它通过柔性的而非刚性的文化引导，建立起企业内部合作、友爱、奋进的文化心理环境，自动地协调企业成员的心态和行为，并通过对这种文化氛围的心理认同，逐渐地内化为企业成员的主体文化，使企业的共同目标转化为成员的自觉行动，使群体成员产生最大的协同合力。这种由软性管理所产生的协同力比企业的刚性管理制度有着更为强烈的控制力和持久力。

4. 企业文化的重要任务是增强群体凝聚力

企业的成员来自五湖四海，不同的风俗习惯、文化传统、工作态度、行为方式、目的愿望等都会导致成员之间的摩擦、排斥、对立、冲突乃至对抗，这不利于企业目标的顺利实现。企业文化通过建立共同的价值观和寻找共同观念，不断强化企业成员之间的合作、信任和团结，使之产生亲近感、信任感和归属感，实现文化的认同和融合，在达成共识的基础上，使企业具有一种巨大的向心力和凝聚力，从而有利于企业共同行为的齐心协力和整齐划一。

二、企业文化的特征

企业文化是企业在长期的发展过程中逐步形成和完善的。由于各个企业的历史传统和社会环境不同、行业特点不同、技术设备和生产经营状况不同、人员组成结构和员工素质不同，以及它们所处的社会文化背景不同，因而各个企业所形成的企业文化模式也不尽相同。企业文化的本质特征可以归纳为以下几点。

1. 民族性

企业文化作为文化系统中的一种亚文化，不可避免地要受到作为主文化的民族文化和社会文化的影响和制约。从企业文化的形成看，企业文化是企业全体员工经过长期的劳动交往而逐渐形成的、被全体成员认可的文化，这些成员的心理、感情、行为不可避免地受到民族文化的熏陶，因而在他们身上必然表现出共同的民族心理和精神气质，即文化的民族性。因此，民族文化是企业文化的根基，企业文化的形成离不开民族文化。在世界文化体系中，每个民族都有自己独特的进化途径和文化个性，在不同的经济环境和社会环境中形成特定的民族心理、风俗习惯、宗教信仰、道德风尚、伦理意识、价值观念等，它们反映在企业文化上的总和就是企业文化的民族特性。

同时，企业文化又是在社会政治、经济、法律、文化的综合作用下产生并发展的。在市场经济条件下，企业是一个独立的经济实体，但它不是封闭的，它的生产、经营活动是社会经济活动的一部分，每时每刻都在与市场发生着千丝万缕的联系。同时，在一定的生产方式下，企业还要受到国家法律和规章的约束，接受国家方针、政策和计划的指导以及行政上的管理，受到政治文化环境的制约和影响，受到社会价值取向、习俗、风气的感染。因此，企业文化是整个社会文化的一部分，它具有依附性。

2. 客观性

企业文化是一种文化的积淀。它是在其所处的社会物质环境——包括文化传统、社会组织方式、社会交往方式、社会心理素质等的合力作用下，在具有一定生产工艺、运行机制及其传统、习俗、信念、意识等的企业生产经营实践中形成的。尽管不排除人的主观努力，但从总体上说，它主要是客观地、独立地形成的，是不以人们的意志为转移的。因此，也有学者将其称为企业文化的固有性，即企业文化是企业所固有的，即使你不进行引导，不进行建设，它也是存在的，只是它没有经过系统地梳理和提炼，很可能会成为企业成长的阻力。每一个企业都有企业文化，它具有普遍性。成功的企业有优秀的企业文化，失败的企业有不良的企业文化。不管人们是否意识到，企业文化总是客观存在的，并不断地发挥着或正或负、或大或小的作用。当然，企业文化的客观性或固有性并不否定人们在创造企业文化方面的主观能动作用，恰恰相反，优良的企业文化都是企业成员长期塑造的结果。

3. 历史性

企业文化有一个形成和发展的过程。企业文化的传统性是在历史过程中形成的。企业文化一经形成，就具有较强的、相对稳定的持续力，对企业在一定历史期内的生产经营活动起着巩固维系的作用。企业文化不会因企业人员的变更而在短期内发生彻底改变。一旦某个企业在生产、经营等活动中形成了具有自身特色的企业文化，就说明该企业已经具备了自己的文化传统。每一种文化都是在承袭前人的优秀文化成果和传统的基础上建立起来的，企业文化历经漫长的岁月磨炼会逐渐形成自身相对稳定的传统，企业成员在日常生活与工作中也因此有所依据和遵循，企业也能够发扬自身的传统优势，用文化的力量去激励企业员工与企业同心同德，共创未来。

4. 继承性

企业文化是在企业长期的生产经营实践过程中产生和发展起来的，既然能够发展壮大到今天，企业必然有着一些优良的传统和精神，正是以这些优秀精神和传统为动力源泉，才促成了企业今天的成就。抛弃了这些优秀的传统和精神，也就等于脱离了企业的生产经营实践，这样的企业文化将成为无源之水、无本之木，自然不会开花结果，不能固化到员工内心。企业文化的继承性，要求大力弘扬企业内部的优良传统和精神。企业在实践过程中形成的优秀精神是推动企业发展的精神动力，对于员工有着根深蒂固的影响。应深入细致地进行企业内部、外部调研，广泛征求企业高管、中层管理者和一线工作人员的意见和建议，让他们畅所欲言，择善而从，充分地挖掘、认真地提炼企业内部的优秀文化元素，这是夯实企业文化基础的关键。真正来自企业内部和工作实践中的文化，才是具有生命力的文化，才会得到很好的贯彻执行。企业文化的继承性也反映出企业文化的累积性，即一方面指它是由无数的细节组合而成的，另一方面指它是在企业发展的过程中累积而成的。

5. 时代性

企业是在特定的社会经济环境中生存和发展的，自然会受到社会环境和时代精神的影响，社会经济环境是宏观因素，而企业发展环境则属于微观因素，社会经济环境是影响企业发展的重要因素之一，对企业的管理方式产生着巨大的作用。优秀的企业文化必然凝聚时代的精华，具有鲜明的时代特色。不能充分考虑时代性，就不能把握社会发展的方向，这样的企业文化将不会是一个先进的企业文化，其生命力也必将大打折扣。企业文化的时代性，要求把握好行业发展的方向和趋势。

6. 综合性

文化是精神活动、精神性行为及精神物化产品的总称，文化内容的综合性使企业文化也带有综合性特征。企业文化作为一种独特的文化，首先，在内容上带有综合性。它渗透到企业的各个方面，可以说，企业的各项内容都有可能成为企业文化的组成部分。其次，企业文化不是从某一个侧面、某一个部分影响企业的生产经营活动，而是综合了企业精神、价值观念、经营准则、道德规范和企业目标等因素形成一个有机整体，以文化的手段调整企业员工的思想和行为，激发企业产生强大的凝聚力与向心力，对企业经济活动产生整合的功能效果。

7. 独特性

企业文化的产生和发展是与企业的生产、经营行为相适应的，它有自身的运动规律。企业文化就其本质来讲，它主要是一种经济文化，反映着人们从事企业经济活动的观念和方式；就其具体内容来讲，它取决于企业发展的历史，所处的社会、地理环境，生产、经营的特点，企业员工尤其是企业高层领导人员的素质及价值取向等因素。因此，不同的企业具有不同的文化特点，也就是说，每个企业的企业文化都应具有鲜明的个体性和独特性。在一定条件下，这种独特性越明显，其内聚力就越强。所以，在建立企业文化过程中，一定要结合企业自身的特点，形成自己的个性特征。

企业文化的个性决定着企业文化的生命力。每个企业都有着各自的发展历史、地域特点和现实状况，其文化的演变历程肯定也有着自身的特性。正如一个人应该具有自己的个性一样，企业文化同样需要有个性，一个没有个性的文化将会是一个"千面人"，其生命力也不会久长。每个企业都处于不同的地域，有着不同的地域人文和社会环境特征。即使处在相同的地域，也会有着各自不同的行业背景和企业经营发展实际，包括员工状况、资产状况和经营情况。因此，企业文化的个性，要求体现经济发展条件和社会人文环境。企业文化建设要贴近企业实际，符合企业现实，体现出企业文化的个性。打造有个性的企业文化，并不是盲目地追求文字表述上的不同，只要是符合企业实际的文化都是有个性的文化。

8. 激励性

激励性正是企业文化的最重要的功能。优秀的企业文化能够对员工起到一种唤醒和激励的作用，让员工感觉到一份沉重的责任感，一种奋发进取的动力，促进经营管理工作的开展。没有激励性的企业文化就像平铺直叙的文章一样，不能夺得员工和外界的眼球，更不能化作工作的原动力。企业文化的激励性，要求增强感染力和鼓动性。企业文化的本质就具有一种激励功能，激励人的情感、振奋人的精神、鼓舞人的斗志，要让员工看到企业文化，就会油然而生一种工作的责任感，一种进取的动力感，这才是企业文化激励功能的要义。能给人以充分的联想，能调动人的情感器官、催人奋进、令人感动的企业文化才是优秀的企业文化，不能体现出激励性的企业文化则是不成功的企业文化。拿企业精神来说，企业精神是员工精神追求的集中展现，员工追求一种什么样的精神，就会有什么样的作为。

9.实效性

企业文化作为一种管理方式,其实效性成为企业文化建设者必须重点把握的最重要的因素。打造企业文化的目的就是要从精神和理念层面增强员工工作的激情,进而提高工作效率和工作业绩,提升企业经营管理水平。如果把企业文化做成了一种表面文章,或者看成一两句口号,那就丧失了企业文化的实效性,企业文化也就失去了存在的意义。企业文化的实效性,要求体现出主营业务的特征。企业文化是一种管理方式,当然应当落脚于企业管理水平和经营效益的提高。因此,企业文化要与企业主营业务紧密结合,体现出行业、业务特色。体现实效性就不能仅仅去追求企业文化文字表述的华丽和流畅,更不能照搬、照抄,而是要真正构建企业自己的文化;在请进"外脑"的同时,要以"我"为主,在借助于咨询公司提供的科学方法和手段的基础上,真正靠自己挖掘、提炼和升华。同时,要坚持文化理念的持续性,不能因老板的更换就随意推翻前期的设计,重新制定风格迥异的另一种文化。因为文化理念一经确立,要在较长一段时期内保持稳定,才有利于文化的执行。

第二节 企业文化的类型和模式

一、企业文化的类型

企业文化是一种庞杂而抽象的概念,无所不在,对企业起着至关重要的作用,影响着员工的思想观念,对员工的行为起约束作用,是企业的无形"统治者"。为了研究或测量的需要,常将企业文化予以分类,以使企业文化的抽象程度降低。丁雯在其主编的《企业文化基础》中做了以下分类。

1.按照企业的任务和经营方式的不同分类

迪尔和肯尼迪把企业文化分为四种类型:①硬汉型文化。这是所有企业文化类型中极度紧张的一种。这种企业恪守的信条是要么一举成功,要么一无所获。因此,员工们敢冒险,都想成就大事业,而且对于所采取的行动能迅速地获得反馈,具有这类文化的企业往往处于投资风险较大的行业。这种文化鼓励内部竞争和创新、鼓励冒险，市场竞争性较强、产品更新快。②工作和娱乐并重型文化。这种文化适用于竞争性不强、产品比较稳定的组织。这种企业文化奉行拼命地干、痛快地玩的信念。职工很少承担风险，所有一切均可迅速获得反馈。③赌注型文化。这种企业文化适用于风险高、反馈慢的环境，虽然企业所做决策承担的风险很大，但要在几年之后才能看到成果。其信念是注重未来、崇尚试验，相信好的构想一定要给予机会去尝试、发展。④过程型文化。这类企业文化常存在于风险低、资金回收慢的组织中。由于员工很难衡量他们所作所为的价值，因此人们关心的只是"怎样做"，人人都在追求技术完美、工作上的有条不紊。

2. 按照企业的状态和作风的不同分类

可分为：①活力型。这种文化的特点是重组织、追求革新，有明确的目标，面向外部，上下左右沟通良好，责任心强。②停滞型。这种文化的特点是急功近利，无远大目标，带有利己倾向，自我保全，面向内部，行动迟缓，不负责任。③官僚型。这种文化的特点是例行公事，存在大量官样文章。

3. 按照企业的性质和规模的不同分类

可分为：①温室型。这是传统国有企业所特有的文化。这种文化的特点是对外部环境不感兴趣，缺乏冒险精神，缺乏激励和约束。②拾穗者型。这是中小企业所特有的文化。这种文化的特点是战略随环境变动而转移，组织结构缺乏秩序、职能比较分散，价值体系的基础是尊重领导人。③菜园型。这是力图维护在传统市场占统治地位的企业所特有的文化。这种文化的特点是家长式经营，工作人员的激励处于较低水平。④大型种植植物型。这是大企业所特有的文化，这种文化的特点是不断适应环境变化，工作人员的主动性、积极性受到激励。

4. 按照文化建设战略目标和需求的不同分类

可分为以下七种类型：①企业家群体型。这种文化的特点是着重展现企业家的价值取向、道德情操、睿智和胆识，凸显企业家的形象力和感召力，建立企业家群体文化的优势。②全员资质型。这种文化的特点是遵循"以人为本"的原则，着重挖掘员工的资质和潜能，增强企业的凝聚力，提高员工的忠诚度，激发员工工作的积极性、创造性和团队协作精神，激活企业内部驱动力。③服务文化型。这种企业文化通过树立"客户至尊""超越客户期待"的服务观念,规范员工的服务礼仪,丰富服务手段,提升服务质量,完善服务系统,疏通服务渠道,提高企业在社会的亲和力和美誉度。④质量文化型。这种文化以质量为根本。其特点是宣传并贯彻"质量是企业的生命"和"质量是企业的衣食父母"的观念,将文化管理渗入质量管理之中,不断提高员工的质量观和全员质量意识,严格遵守国际质量认证等标准,全面提升产品质量。⑤科技开发型。这种文化的特点是凸显以"市场促进科技开发,科技开发引导市场"的观念,培养和提升员工的科技领先的意识,体现企业尊重知识、重视人才的思想,集合人才资源,建立一支科研型和创新型的团队。⑥营销文化型。这种文化的特点是确立"以市场为导向,以顾客为中心"的现代营销理念,树立员工的市场观、竞争观和服务观,提升员工把握市场的技能,优化和完善营销体系,制定销售方略,不断扩大市场的份额和占有率。⑦生产文化型。这种文化的特点是培养和提升员工的效率意识,规范员工行为,实现有效的时间管理,改善现场管理和生产环境,改进工艺,降低成本,提高劳动生产率和产品产量,以期不断满足市场的需求。

二、企业文化的模式

企业文化模式在这里被界定为企业在发展过程中所形成的不同文化特质(要素)的构成方式及其稳定特征,反映了企业的整体文化面貌和一般精神状态。企业文化特质(要素)的构成方式千差万别,但主要的、具有稳定特征的企业文化模式是可以区分的。

1. 按时间的继承性划分

按时间的继承性可以把企业文化模式划分为传统模式和现代模式。传统模式中的文化特质基本上固守着本国、本民族传统文化精神和本企业初创时期形成的基本理念,与此相适应的企业行为方式和习俗、习惯等也保持原有的结构、态势,很少接受新文化,趋向于稳定、保守和封闭状态。现代模式则不同,它顺应社会发展、合乎潮流,能够广泛吸收现代社会文化的精华,并能不断创新和升华自身的文化,在文化特质和构成方式上都能体现时代精神,具有时代特色。这种文化开放、灵活、适应性较强。

2. 按空间分布特性划分

按空间分布特性可以把企业文化模式划分为东方模式和西方模式以及不同民族模式、不同国家模式等。东方模式和西方模式的差别，仅以中西企业文化来对比就有明显的不同，中国企业文化深受中华文化（尤其是儒家思想）的影响，其文化理念和行为方式具有显著的集体观念、奉献精神、和谐思想，以及重感情、重关系等特征，管理中的非理性色彩比较强；而西方企业文化则更加突出个人价值、个人能力，重制度、重合同、重法制，管理中的理性色彩比较强。

3. 按现实性与预见性划分

按现实性与预见性可以把企业文化模式划分为现实模式和目标模式。毫无疑问，现实模式即企业现实存在并实际发挥作用的文化特质及构成方式；目标模式即对企业文化未来模式所做的规划和设计，反映企业所向往和追求的具有自身特色的基本价值观体系的整体特征。企业文化目标模式不是凭空设想的，它是以现实模式为基础，又超越现实模式的，是经过增加新的文化特质，是可以实现的企业文化模式。

4. 按共性与个性划分

按共性与个性可以把企业文化模式划分为一般模式和特殊模式。一般模式即企业文化的普遍模式，是一种高度抽象化的具有普适性的文化模式，如国别模式、地区模式等；特殊模式针对一般模式而言，是具有特定适应范围、领域或对象的企业文化模式，如某类企业或某个具体企业的文化模式。

5. 按行业特性划分

按行业特性可以把企业文化模式划分为不同的行业模式。企业所处的行业不同，其经营的内容、方式以及由此决定的管理方式都不一样，文化特质及构成方式自然各具特色。例如，从核心理念来看，工业企业文化模式最突出质量、成本与创新意识；流通企业文化模式更强调顾客与服务观念；金融企业文化模式则把信用与信誉视为生命，并体现着强烈的社会责任感；交通运输企业文化模式中的遵章守纪、安全正点的内容则占有重要的地位。

第三节　企业文化的基本功能和价值

一、企业文化的基本功能

企业文化作为一种新的管理方式，不仅强化了传统管理方式的一些功能，而且还具有很多传统管理方式不能完全替代的功能。这些功能主要是：

1. 凝聚功能

企业文化体现着强烈的群体意识，可以改变从个人角度建立价值观的一盘散沙状态，体现了世界上流行管理方式的要求。世界上一度流行的三种管理方式——和拢式管理、走动式管理和抽屉式管理，和拢式管理是最重要的。企业文化像一根纽带，把员工个人的追求和企业的追求紧紧联系在一起，像磁石一般，将分散的员工个体力量聚合成团体力量。这是实现和拢式管理最重要的途径。企业文化所具有的内在凝聚力和感召力，能使每个员工产生深厚的归属感、荣誉感和目标服从感。这种凝聚功能在企业处于危难之际更能显示出巨大的作用。有人到德国西门子公司参观考察，恰逢周五，到下午4点，只见不少妇女、儿童涌进厂来，经打听才知道是该厂惯例，每逢周五厂领导与职工、职工家属联欢聚餐。在这种文化氛围作用下，职工对本职工作有一种使命感、自豪感，不仅培育了"精神家园"使职工产生归属感，而且在意识深处产生一种对企业的向心力，进而形成强大的凝聚力。

2. 导向功能

企业文化的导向功能主要表现在以下两个方面：经营哲学和价值观念的指导。经营哲学决定了企业经营的思维方式和处理问题的法则，这些方式和法则指导经营者进行正确的决策，指导员工采用科学的方法从事生产经营活动。价值观念规定了企业的价值取向，使员工对事物的评判形成共识，形成共同的发展目标，并为他们所认定的发展目标去行动。完美的企业文化会从实际出发，以科学的态度去制订企业的发展目标，这种目标一定具有可行性和科学性。企业员工就是在这一目标的指导下从事生产经营活动。

3. 约束功能

企业文化的约束功能主要是通过完善管理制度和道德规范来实现。企业制度是企业文化的内容之一。企业制度是企业内部的法规，企业的领导者和职工必须遵守和执行，从而形成约束力。道德规范是从伦理关系的角度来约束企业领导者和职工的行为。如果人们违背了道德规范的要求，就会受到舆论的谴责，心理上会感到内疚。

企业制度文化形成企业中的正式约束。正式约束包括政治规则、经济规则、契约，以及由这一系列的规则构成的一种等级结构，从宪法到成文法和不成文法，到特殊的细则，最后到个别契约，它们共同约束着人们的行为。

企业制度文化是企业的法律形态、组织形态和管理形态构成的外显文化。包括：①企业法规。企业法规是调整国家与企业，以及企业在生产经营或服务性活动中所发生的经济关系的法律规范的总称。企业法规作为制度文化的法律形态，为企业确定了明确的行为规范。②企业的经营制度。企业的经营制度是指通过划分生产权和经营权，在不改变所有权的情况下，强化企业的经营责任，促进企业竞争，提高企业经济效益的一种经营责任制度。③企业的管理制度。没有规矩，无以成方圆。合理的制度必然会促进正确的企业经营观念和员工价值观念的形成，并使职工形成良好的行为习惯。因此，企业的制度文化形成企业的正式约束，可以在一定程度上有效约束人的机会主义行为倾向。

企业精神文化形成企业中的非正式约束。非正式约束是人们在长期交往中无意识形成的，具有持久的生命力，并构成代代相传的文化的一部分。非正式约束主要包括价值信念、伦理规范、道德观念、风俗习惯、意识形态等因素。在非正式约束中，意识形态处于核心地位。意识形态可以被定义为关于世界的一套信念，它倾向于从道德上判定劳动分工、收入分配和社会现行制度结构。企业精神文化代表企业中广大员工共同的主流意识形态。

企业精神文化所代表的意识形态作为一套价值观念或认知学识，是企业中每个人都具有的，它的存在可以使人们限制自己的行为，在一定程度上减少钻空子现象的发生，从而使人们超出对个人直接利益的斤斤计较，并诱发集体行动。意识形态通过增强个人对于某项制度安排的法理性认同和依赖，能够淡化机会主义行为。

4. 激励功能

共同的价值观念使每个职工都感到自己存在的价值，自我价值的实现是人的最高精神需求的一种满足，这种满足必将形成强大的激励。在"以人为本"的企业文化氛围中，领导与职工、职工与职工之间互相关心、互相支持。特别是领导对职工的关心，职工会感到受人尊重，自然会振奋精神，努力工作。另外，企业精神和企业形象对企业职工有着极大的鼓舞作用，特别是企业文化建设取得成功，在社会上产生影响时，企业职工会产生强烈的荣誉感和自豪感，他们会加倍努力，用自己的实际行动去维护企业的荣誉和形象。

5. 协调功能

协调就是调整和适应。企业各部门之间、职工之间，由于各种原因难免会产生一些矛盾，解决这些矛盾需要各自进行自我调节；企业与环境、与顾客、与国家、与社会之间都会存在不协调、不适应之处，这也需要进行调整和适应。企业文化使企业员工有了共同的价值观念，对众多问题的认识趋于一致，增加了相互间的共同语言和信任，使大家在较好的文化氛围中相互交流和沟通，减少各种摩擦和矛盾，使企业上下左右的关系较为密切、和谐，各种活动更加协调，个人工作也比较心情舒畅。企业文化充当着"协调者"的角色。

6. 教化功能

具有优秀文化的企业是一所"学校"，能为全体成员积极进取创造良好的学习、实践环境和条件，帮助员工树立崇高理想，培养高尚道德，锻炼意志，净化心灵，使员工学到为人处事的艺术，学到进行生产经营及管理的知识、经验，提高工作能力，获得全面发展。

7. 辐射功能

无论一个企业的文化是否优秀，其影响绝不限于本企业。企业文化会通过其产品、服务、人员的行为等多种形式向外界辐射，产生好的或者是坏的影响。有时，一个企业文化还直接影响到国家的声誉。企业文化不仅在企业内部发挥作用，而且还通过企业员工与外界的交往，把企业的优良作用、良好的精神风貌辐射到整个社会，对全社会的精神文明建设和社会风气将产生积极的影响和促进作用。优秀的企业文化，不仅能够在企业内部协调各个方面的关系、沟通情况、化解矛盾、增进感情、提高认同感，使所有员工齐心协力办好企业。同时，可以辐射到企业以外的领域，如对社区文明建设、家庭文明建设等都会有所促进。

8. 创新功能

企业创新的内涵，不仅包括技术创新，还有组织创新、管理创新、服务创新等诸多方面，而良好的企业文化则是推动企业创新的一种无形的力量，一种内在的驱动力量。企业创新是无止境的，现代企业创新理念也在发生变化，从少数技术开发创新到全员创新，而实现这种创新的转变就是要有创新的文化氛围，包括容许创新失败的宽容精神，良好的企业文化氛围是开启员工智力、搞好创新、不断创新的条件。

二、企业文化的基本价值

（一）企业文化的经济价值

优秀的企业文化作为企业的一种精神财富，会产生一种神秘的力量——文化力。日本本田汽车公司创始人本田宗一郎说，思想比金钱更多地主宰世界，好的思想可以产生金钱，当代人的格言应该是：思想比金钱更厉害。这说明好的思想是一种力量。文化力的表现形态虽然是价值观念、信仰、态度、行为准则、道德规范及传统、习惯等精神产品，但却有非常重要的经济价值，对企业物质财富的增长起着极大的促进作用，即文化力可以转换为经济。当然，一种落后的企业文化也会成为企业的一种无形包袱，对企业物质财富的增长起着抑制作用。

优秀的企业文化主要是通过以下四个方面实现其经济价值的。

（1）企业是市场经济发展的产物，企业文化的形成受到市场经济发展的制约；市场经济的客观规律和法则往往通过企业文化作用于企业的各项经济活动。因此，优秀的企业文化能够引导企业按照市场经济规律办事，保证企业在市场经济的舞台上稳扎稳打，避免受到经济规律的惩罚。

（2）优秀的企业文化体现着企业成功的经营管理特色，体现着企业对顾客"诚""信"之道。这种特色和经营之道通过各种传播媒介向社会扩散，逐渐形成企业的商誉。企业的商誉高，长期得到消费者和社会各界的信赖与支持，就会兴旺发达；企业的商誉低，失去顾客和社会各界的信赖与支持，就会衰落、萎缩。商誉是企业文化的社会效应。优秀的企业文化终究能够带来良好的商誉，良好的商誉是一种竞争力量，能够提高企业的增值力，给企业带来高于一般水平的利润。

（3）优秀的企业文化体现着以人为中心的根本思想，体现着员工心理及行为的一般要求，体现着多数员工的"共识"，因此能够对广大员工起到凝聚、引导、激励和约束的作用，使广大员工发挥聪明才智和劳动积极性，并积极参与管理，提出合理化建议，提高劳动效率，最终给企业带来较高的经济效益。

（4）优秀的企业文化往往能够促使企业进一步深化改革，完善组织结构和经营机制，促使企业采用新的经营方式和科学的管理方法，从而带来组织效率的大幅度提高，为企业提高经济效益创造良好条件。

（二）企业文化的社会价值

企业文化的价值，远远超越企业的界限，服务于社会，具有社会价值。这种价值不仅仅表现在企业文化能够促进企业经济效益的提高，进而带来整个社会物质财富的增长上，而且还表现在对社会文化的继承和发展的重大意义上。具有远见卓识的企业家不仅看到了企业文化的这种价值，而且把企业文化的发展自觉地同人类文明的前途联系在一起。日本的企业经营之神松下幸之助就曾提出"为社会经营""为社会生活的改善以及世界文化的进步做贡献"的经营哲学。

企业文化的社会价值主要通过以下两个方面体现出来：

1.企业文化是优秀传统文化的体现和弘扬

企业文化在成长发育过程中必然要吸收和借鉴传统文化的精华。日本的企业文化中就体现了日本传统文化的家族主义和集体精神，美国的企业文化中体现了美国文化的个人能力主义和创新精神。日本、美国企业文化的成功说明了其本民族文化的生命力，也是它们的企业对弘扬本民族文化精华的贡献。中国具有灿烂的民族传统文化，也必然在当代社会的各种活动中表现出来。企业是现代社会的一个基本经济细胞和社会细胞，通过培育企业文化，对中国民族传统文化自觉地加以扬弃,吸收其中的精华,把传统文化与现代经济伦理有机结合起来,不仅能够使企业发挥本民族的文化优势,创造自身的文化特色,而且能够使中华民族优秀的文化遗产得以继承和弘扬,这不能不说是企业文化的一种重要社会价值。

2. 企业文化是新的社会文化的"生长点"

企业是现代生产力的集结点,而生产力在社会的发展中是最活跃的因素。这就决定了企业往往创造新的价值观念和行为方式,从而在社会文化的缓慢发展中走在前列,源源不断地为社会文化的发展输送新的营养。企业文化的这种超前性决定了它能成为新的社会文化的"生长点"。企业文化的这种社会价值是通过对人的培养,使人得到全面发展而形成的。同时,企业通过产品的制造、销售以及与外界的信息交流,把本企业先进的价值观念、追求、道德风尚等传播给社会,通过建设进步的企业精神文明为整个社会精神文明做出贡献。当前,在市场经济和知识经济快速发展的条件下,中国企业文化的这种社会价值已经非常突出地显现出来了,强烈的竞争观念、创新观念、效益观念、服务观念以及尊重科学、尊重人才的意识等已经给传统文化带来了强大的冲击,使社会文化出现了很多新的"生长点"。可以预料,这些与市场经济发育和社会进步相适应的新的文化因素将成为社会文化的重要组成部分,从而推动社会文化不断向前发展。

第四节　企业文化理论的基石

企业文化是企业管理理论的一个新发展。而现有的人学理论、社会动力理论、领导理论、学习理论和情绪理论等均是它发展的基础。

一、人学理论

(一)中国古代的人学思想

人学理论是探讨、研究人的本性的理论。早在我国古代《淮南子·修务训》中就有:"人性各有所修短。"即各家各派的观点都不一样。

儒家创始人之一的孟子曾说过：水为什么要向岸外流呢？这是由于水本身的特性是向下流。没有这个特点，它也不会向东或向西流了，因为堤岸外边地势更低，水总是流向低处。同时，指出人性趋向善良，正如同水向低处流一样。如果利用其他的力量，如拍打、堵挡，也可以使水跳起来，或是从山下流到山上。但这只是改变了水的"行为"，并没有改变水的"本性"。同样，人的行为也可以使其变得不善良，但他的本性还是善良的。儒家的性善主要是指仁、义、礼、智、信等。为了恢复和保持人们善良的本性，孔子主张先格物、致知、诚意、正心而后修身、齐家、治国、平天下。但主张性恶的荀子却说："饥而欲食，寒而欲暖，劳而欲息，好利而恶害，是人之所生而有也。人之性恶，其善者伪也。"荀子的思想中具有朴素唯物主义因素，他主张性恶，其实是指人的基本需要，这种基本需要若得不到满足，便会出现争夺，天下于是混乱。如果充分调动人的积极性，努力生产，丰衣足食之后，人们的需要得到满足，天下也就太平了。孟子的"性善"理论，对我们今天调动企业员工的积极性很有借鉴作用。我国是人民当家做主的社会主义国家，广大群众的利益与国家的利益是一致的，这一点就是人民群众性善的根本。

我们的企业文化建设就必须从这一根本出发，始终坚持以人为本的管理思想，调动和发挥企业每个员工的积极性、主动性和创造性。

（二）西方的人学理论

在西方，美国社会心理学家道格拉斯·麦格雷戈教授1957年把人性恶的行为理论称之为"X理论"，而把性善的行为理论称之为"Y理论"。在此前，素以科学管理之父著称的F·泰勒从人的经济动机出发，把属于性恶的人称之为"经济人"；而G·梅奥却通过著名的"霍桑试验"，从社会关系的角度把人定位成"社会人"。后来A·马斯洛从人类全部需求动机方面肯定了社会人的存在。

麦格雷戈的"X理论"认为：①人生来就是懒惰的，只要有可能就会逃避工作；②由于人生来不喜欢工作，对绝大多数人必须加以强迫、控制、指挥，以惩罚相威胁，使他们为实现组织目标而付出适当的努力；③人生来就以自我为中心，漠视组织的需要；④人习惯于守旧，反对变革，把个人安全看得高于一切；⑤只有极少数人才具有解决组织问题所需要的想象力和创造力；⑥人缺乏理性，容易受外界或他人的影响，做出一些不适宜的行为。

他总结的"Y理论"则认为：①人并非生来就是懒惰的，要求工作是人的本能；②在适当的条件下，人们不但愿意而且能够主动承担工作；③有追求满足欲望的需要，他与组织需要没有矛盾；只要管理适当，人们就会把个人目标与组织目标统一起来；④人并非必然会对组织目标产生抵触和采取消极态度，形成这种情况的原因，主要是由组织的压力造成的；⑤人对于自己所参与的工作目标，能实行自我指挥与自我控制；人对企业目标的参与程度，同获得成就的报酬直接相关；⑥大多数人都具有解决组织问题的想象力和创造力，在现代工业社会里，人的智力还没有得到充分发挥。

1970年，J·洛希提出了"超Y理论"，认为：①人们是抱着各种各样的愿望和需要加入企业组织的，这种愿望和需要可以分成不同的类型。有的人愿意在正规化的、有严格规章制度的组织中工作，但不想参与决策和承担责任。而有的人却愿意有更多的自治权和充分发挥个人创造性的机会。②不同的人对管理方式的要求是不一样的。上述第一种人比较欢迎以"X理论"为指导的管理模式，第二种人则更欢迎以"Y理论"为指导的管理模式。③组织的目标、工作的性质、员工的素质等对于组织结构和管理方式有很大的影响。④当一个目标达到以后，可以激起员工的胜任感和满足感，使之为达到更高的目标而努力。

20世纪80年代初，威廉·大内提出的"Z理论"认为，使工人关心企业是提高企业生产率的关键。他把企业的管理方式和企业组织的风格、对人的管理与企业文化联系起来，将"社会人"拓展成"文化人"。

（三）现代人本管理理论

从以上人性理论出发，便形成了现代人本管理理论。它主张"以人为本"进行管理，即把人视为管理的主要对象及企业的最重要资源，通过激励、调动和发挥员工的积极性和创造性，引导员工去实现预定的目标。这种管理理论引入了社会学、组织行为学和心理学的某些基本原理，如人际关系理论、人力资源开发理论、民主管理理论、激励理论以及企业哲学与企业精神等。它按照人性的本质和人类的行为方式来进行工作，为人提供一个全面发展的空间,最大限度地发挥人的积极性与创造性。结合我国的国情、厂情,从客观实际出发,建立一套有中国社会主义特色的人本管理制度与方法,必须在实践中注意以下几点:第一,员工是企业的主体;第二,有效管理的关键是员工的参与;第三,使人性得到最完善的发展;第四,坚持以为人民服务的宗旨。通过每种因素和谐地运作,从而使企业不断发展壮大、长久兴盛。

二、社会动力理论

(一)社会发展的动力源泉

社会是由许多个人所组成的群体、组织所形成的,社会发展的动力来源于个人需要与团体利益、个人的处世方式和团体的发展动力。个人在处世方面一般采取三种基本方式:坚强的战斗者、友好的帮助者和逻辑的思考者。但在致力于创造完美的团体环境时,每种类型的处世方式都会影响到其他类型。这是由于人们的心理冲突的不同程度和认识人和事物的不同方式所造成的。

A·沙因在分析了个人带入团体环境的感情问题和认识问题后,着重强调了团体中的社会动力问题,阐述了团体在成长中的依属与权力,亲密性、角色差异和同伴关系,创造性与稳定性,生存与发展等四个阶段,以及在处理突发性重大事件或关键性事物时团体成员的共同焦虑、共同感情反应、共同的公开行动、共同的感情退让等各种共识。这种团体的工作和感情是企业文化形成过程中的核心力量。拜昂1959年在观察医疗团体时发现,团体的"工作"即治疗工作可能受渗透整个团体的不同感情状态或情绪的影响。在一个时期,团体可能合理地和有目的地为完成工作而努力,发挥弗洛伊德提出的那种"自我"功能。在另一时期,团体又被反映早期退让感情状态的共同的感情所支配。

(二)团体感情状态的几种基本假设

拜昂相应推断出了团体感情状态的几种基本假设:

1. 依属型假设

如果团体遇到阻碍,难以完成它的基本工作,那么团体可能退化到从属状态，并总是集体行动，团体形成的早期阶段最早出现这种情况，"好像"它的"领导者"完全知道要干什么，以及应该告诉每个人怎样去干。这种感情状态是大家所共有的，其实质是通过发现一位能保护团体的人来寻求安全感。如果团体有一个正式的领导者、召集人或主持人，这个人就可能成为这些感情的中心。如果团体没有领导者，它就会寻找一位强有力的人物作为依靠。如果找到了这种具有作为领导的特殊品质并为大家所崇拜的人物，那么团体成员就能寄予永久信赖，并通过与整体的结合而使自己失去作为一个个体的存在。不过，现实生活中这种人物凤毛麟角，从而使团体成员产生失望和沮丧情绪，把团体又拉回到原来的工作方式，或者采用攻击与逃避来克服由此产生的焦虑。

2. 攻击—逃避型假设

如果依属感情不能实现，团体成员对领导者感到失望，并且由不安全感所产生的焦虑继续存在，那就可能形成一种替代的感情状态。愤怒和痛苦的感情导致强烈的反理智情绪和公开直接行为，这是因为，无论是通过主动的攻击还是逃避退让，团体都必须保护自己。所以依属状态具有丧失和麻痹知觉的特征，而攻击—逃避状态中，首先需要集体行动一致，个人利益服从团体利益。同时，也需要有一位领导者，但他们必须通过确定攻击或逃避的目标来帮助团体采取行动。团体可能通过反对令人失望的领导者、集体罢工，或向其他权威挑战的象征性行为而激烈地采取行动，这种行动是集体性的，它基于共同的知觉，因此可能代表了团体首要的也许是最重要的共同行动。一旦团体采取了共同行动，它就被视为一个集体。由于集体行动即使是逃避行为，也往往是侵犯性的，所以它可能导致强有效的感情学习，以及根据集体行动的制订方式来决定团体未来的行动倾向。

3. 配对型假设

众所周知，两个成员之间的配合有利于提高团体的工作效率。通过配对，团体希望造就一位新领导者或形成一种新思想，给团体带来生机和活力，解决遗留的问题，并形成一种理想的完美境地。这种自信的精神状态是在获得依赖或克服挫折后产生的，团体沉浸在一种异常欣喜、愉快和无所不能的状态，往往过于幻想、不切实际。由于它建立在由某种共同行动所产生的高度兴奋的感情之上，所以有人也称它具有合成假设。尽管在没有领导者时它能使团体避免失去依属的绝望、攻击与逃避的愤怒与憎恨，有积极的一面。但它那种不切实际的欲望是很脆弱的，很快就会发现其自身并非完美无缺，内部也不是高度团结一致，甚至还找不出正确解决问题的办法。这时，就意味着要重新开展团体建设这一艰难的工作。一个领导者要完成的最困难的工作之一就是应付这种困境，并帮助团体摆脱退化感情状态，千万不要使自己陷入某种感情状态而不能自拔，或是在条件不成熟时强迫团体开展工作。

（三）团体发展的过程

以上类型的感情状态来自团体成员的矛盾心理或投射自居作用，而正是这些矛盾引起的冲突推动了团体的发展。下面，就来介绍团体发展的每一阶段以及伴随的中心冲突。

第一阶段：依属与权力作为一个团体，它必须解决由谁领导、谁拥有多大权力和影响力以及依靠谁等问题。如前所述，一个团体为了有效地解决外部环境问题和创造心情愉快的内部气氛，它必须解决这些问题。解决问题的方法实质形成了最深层的文化假设。因此，即使以后出现了权力分配问题，也已经有了行之有效的解决方法。

第二阶段：亲密性、角色差异和同伴关系。如果团体在初次努力中成功地解决了权力问题，那么它很可能形成一种"结合"假设，并对团体的期望以及成员之间的团结程度产生过分乐观和不切实际的假设。要克服这种假设，并对谁喜欢什么人、能容纳谁、谁能代表团体干什么工作形成客观的评价，这是一项非常艰苦的任务，它存在于团体发展后期的各个阶段。

第三阶段：创造性与稳定性。随着团体能够解决它的各种问题，完成自己的工作和建立一个安全愉快的内部环境，它开始面临制度化和分层管理问题。在所有工作都亟待解决时，团体会高度重视创造精神。但是，随着团体不断获得成功，创造性本身却成为破坏现有工作习惯和产生焦虑的根源。一个矛盾的现象是，没有持续的创新，团体就不能获得更大的成功；但是，推行创新和改革原有的方法，这是令人不愉快的事。因此，已被团体接受的文化假设成为团体自身进一步发展的制约因素和障碍。这一阶段的困难是如何使团体在感到严重内在冲突的情况下保持自身的适应性和灵活性。

第四阶段：生存与发展。随着团体的不断成熟和与外部环境的相互作用，它迟早会发现，它的文化是否还能提供有效的方法以解决新出现的生存问题。在这一阶段，问题是团体是否还发挥重要功能和仍应生存下去，或者它应让自己灭亡，这样，新的团体就能创造一系列具有高度适应性的方法。

三、领导理论

领导理论涉及的范围非常广泛，这里只介绍一些与认识文化的形成和演变有着密切关系的理论，如对领导者与团体之间的关系、领导者的个性、风格对团体形成的影响等方面的理论研究。

（一）领导者与团体

1. 领导与团体工作

对这方面的研究大都是从领导的职能出发来进行的，专家们试图从工作与团体两个维度来界定领导职能。在美国州立大学利克特的双维理论（即把领导职能区分为生产中心型和关系中心型两种基层领导），与布莱克和默顿的管理方格论中的关心生产和关心员工两种取向同出一辙。关心生产的领导者注重工作的组织与计划，明确工作职责、信息沟通、工作程序等，是工作导向型的领导；而关心员工的领导者则注重领导者与下属的关系，关心人们的需要，体恤下情，注重"感情投资"，是人际关系导向型的领导。沙因在研究管理者成长的发展过程中认为，年轻的管理者只有在获得以下三种能力以后，才有信心去追求高级管理阶层的职位：一是分析能力，能够认识和说明所要解决的问题（与外部任务相同）；二是处理人际关系的能力，建立和维护各种类型的关系和团体；三是处理感情问题的能力，控制管理者本身的感情需要。

这一切都说明领导过程和文化建设是紧密联系的，许多专家认为发展和学习文化就是领导职能问题。从这种意义上说，"领导"的唯一职能就是文化的创造和管理。所有的领导者都受他们以前的文化影响，而且一旦他们创造了一种文化，就可能受到这种文化的制约，不再领导团体去进行新的和创造性的活动，从而在创造性和制约力量之间形成复杂的相互作用关系。那么，解决这种潜在的冲突就成为领导者的中心工作之一。

2. 领导和团体风格

团体的领导者或创始人的个人与团体中形成的权力关系以及领导者和其成员间感情上相互作用的方式，都能决定团体的发展阶段和它的文化"风格"。有时由于领导对外部环境采取了极端的或不适当的对策，以至于不能实现自己的目标，但他们却认为这是因为风格上的倾向性不适应环境或存在"问题"。在培训或医疗行业的团体中，对领导者都进行了特殊训练，使他们认识自身的感情倾向，这种倾向性有可能导致团体产生错误行为、陷入退化情绪状态。在具有明确任务目标的团体中，仍然存在其创始人或领导者没有意识到感情问题或自身感情倾向的危险。因此，他们可能会突然遇到自己没有意识到的感情危机，而一旦发生了这种感情危机，就显得不知所措。例如，一些企业家由于他们过分自信和以自我为中心，无意识地增强了其下属的依赖性，但他们事先并没有做好如何应对这种现象的准备。如果他们使自己的下属失望并刺激攻击，那么这些领导者对自己将会遇到的愤怒和反抗可能会缺乏应有的思想准备。下属之所以产生失望情绪是因为：①领导者不可能实现企业成员对强有力的家长式领导所抱的幻想；②领导者总是希望下属依赖自己，但在下属出现这种被动依赖的行为时，却又促使他们更加独立地行动，从而引起下属的焦虑、愤怒。领导者的这种个性防卫倾向，最终可能导致企业"机能失调"，使企业不能正确地评价外部和内部的客观现实。

（二）领导者与下属关系的病态类型

为了能够注意和有效地处理领导者与下属关系的病态变化，必须明确区分病态的各种类型。

1. 幻想型风格

它怀疑一切，不信任别人，从而导致只重视情报和控制，高度集中权力，注重发展战略的反应方式，高度警惕内外环境的变化，强调差异性，使企业内部形成愤世嫉俗、因循守旧和缩手缩脚的不良文化气氛。

2. 强迫型风格

它担心企业可能受到难以预测和无法控制的现象所支配，从而被迫重视繁文缛节，一味追求尽善尽美，高度重视仪式化和规范化的控制方法、程序以及正式的政策、严格的等级制度，制定战略慎之又慎，并严格按计划组织实施，对已形成的行为方式采取一成不变的态度（将会阻碍创新），强调统治和服从。

3. 戏剧型风格

它总是想方设法引起人们的注意，并尽可能给人留下深刻印象。这种风格导致自我陶醉的迷恋，过分流露感情，渴望工作和受到鼓励，善于利用别人，制定决策大胆轻率，勇于承担高风险，组织结构和程序不明确（不断改变计划），重视模糊性。

4. 压抑型风格

它丧失希望和缺乏自信，导致宿命论的消极情绪和极端的保守主义，倾向于适应最稳定和最保险的环境。这里往往存在领导真空状态，并对企业所经历的挫折有一种自责和内疚的感觉。

5. 自相矛盾型风格

它认为环境并不能提供更多的满足，最终也不会出现频繁的相互作用。这种风格导致超然的冷淡，并使领导职能完全处于真空状态。领导者既不领导也不授权，而是离群索居，与企业产生疏远的感觉，并纵容小派别之间的冲突，由这种冲突的结果来决定他们的行动方向。企业不能形成一致的产品销售战略，始终处于毫无目的的应付状态。

以上这些极端的病态类型从反面说明了团体创始人的个性对塑造团体文化的影响。也就是说，团体创始人所具有的个性倾向性，为解释一个团体最终形成的文化提供了依据。

四、学习理论

一个团体是怎样学习认知、感情和行为的呢？我们知道文化是通过学习获得的，它只有在一种发展和动态学习方式的前后联系中才能得到理解。但是这种学习过程是很复杂的，因为现在的学习主体是团体而不是个人，需要学习的是认知和感情，而不是明确的行为模式。由于团体成员能体验许多不同形式的焦虑，所以会产生不同程度的学习行为和防御行为。我们学习文化时常常会产生这样的矛盾性问题：在文化减轻一种类型焦虑的同时，却往往增强了另一种焦虑。因而，我们必须从结构上明确区分，才能巩固已学到的文化知识，并掌握两种不同效果的学习方法：一种是积极解决问题的情境，如果运用的方法行之有效，那么这种情境就能产生正强化效用；另一种是避免焦虑的情境，如果成功地减轻了焦虑，并有效地防止了产生焦虑的根源，那么这种情境也能产生正强化效用。实际上，这两种情境是紧密地结合在一起的，不过它们具有不同的感情基础、不同的基本学习方法和效果。

（一）积极地解决问题

在积极解决问题的情境中，学习的结果从它反应实现目标或消除"短缺"的意义上说，是一种"奖赏"，就像一个人在饥饿或干渴时发现了食物或水一样。如果一个企业致力于发展一种新产品，或想增加销售额，或提高市场占有率，它会发现有某种因素在"起作用"，然后这种因素得到"强化"，在以后出现相同的问题时，它又会发挥作用。一种"解决问题的方法"可能是公开的行为、认识或考虑某个问题的方式、一系列的感觉、一整套信息或是对环境某些方面的新假设。如果这些反应成功地解决了问题，那它们就会得到强化。

例如，某家大型化学公司准备发展一种新产品，需要市场情报部门、生产技术部门、研究与发展部门之间的通力合作。在这家企业中，传统的文化假设是各个部门按部就班地工作。但是几种产品试制失败以后，这种工作方式的缺陷就很明显地暴露出来。因为研究与发展部并不了解市场的实际需求，但它却自以为是，因此并不真正重视市场销售资料。公司顾问们在讨论中提出了一个"试验性"建议，即成立新产品开发"特别工作小组"，小组成员包括各个部门的资深人员。这种团体成为一个"临时攻关系统"，有助于防止对部门权力的威胁。这一特别工作小组通过同时考虑市场销售部门、加工制造部门、研究与发展部门的意见来研究开发新产品。该小组工作了六个月，通过良好的协作，非常成功地开发了几种新产品。这不仅增强了"特别工作小组"这种公开的活动方式，而且强化了这样一种"观念"或假设，各个部门能够有效地开展合作，而不会威胁彼此的权力或出现扯皮现象。因此，这种方法成功地引入了一种新的企业管理观念："临时攻关系统"能够有效地解决企业中久拖不决的问题。

人们一旦发现了解决某个问题的有效方法，就会在碰到相同问题时重新使用它，而已失效的方法会很快地被弃之一旁。但这种曾在某一时期产生作用的方法并不是从此消失了，而是长久存在着，并像斯金纳主张的那样可能会得到局部强化或随机强化。也就是说，如果一种方法在某一时段内发挥作用，但我们又不能确切地断定此时决定工作成败的具体因素，那么在这种方法早已完全失效后，仍可能会再被使用。过去的成功经验告诉人们，这种方法即使现在不起作用，以后也可能再度大显身手。因此，经过一段时期以后，团体成员仍记忆犹新，可能会重新使用这种方法。

这种方法与我们在学习一种新的体育技能或运动项目时的经历相类似，是体力、情绪和认知反应的复杂组合，它成为团体的"力量"或"技能"的组成部分，并体现在作为团体自我形象要素的意识之中。即使当初某种方法可能只是在一次尝试中发现的，但是要形成共同拥有的认识还需要经过不断尝试才能获得成功。文化包括团体学到的解决问题的能力，如团体形成的技巧、技术和艺术，以及团体对自身、自我意识、内部合理化和世界观所形成的共识。文化还包括根据过去的历史而认识的自我形象："我们知道怎样设计生产优良的产品""我们知道怎样推销产品，因为我们熟悉自己的顾客""我们懂得怎样增加资本和管好自己的财源""我们的销售部门了解顾客将来需要什么产品""我们的实验室将研制出大量优良产品"。

当这些反应失效时以及环境对实际的方法或肯定这些反应的观念都不再得到积极强化时，团体因为不愿正视这种事实，往往会运用防卫方法对已知信息给予否定，于是形成另一种主要的学习方法——避免焦虑。

（二）减少痛苦和焦虑

这是一种回避学习法。在产生痛苦之前运用这种方法，可以成功地减少痛苦和焦虑。也就是我们通过防止环境再次导致发生类似以前的痛苦，或者通过一种避免产生不确定性或认知负担而引起焦虑的方法，来认识环境、思考问题、增强体验和采取行动。我们如何掌握这种学习方法呢？首先，正确认识焦虑。焦虑是指受到已知或未知因素威胁产生的畏惧感情以及对不明确的现状与将来趋势所产生的不同认识程度的模糊性，而不是明确的目标压力或要求实现目标的紧迫性。因此，解决问题应把重点集中到现存的问题上，如果不明确引起焦虑的原因，就不可能有针对性地减少影响焦虑的因素，并避免在毫无预见的情况下，被迫进行更为随机的尝试——错误式学习。其次，回避学习法往往是一种一次性学习。一旦某种方法行之有效，即便导致痛苦的根源不再存在，那它也会无限期地重复下去。这种方法是产生很多恐惧的原因，因为人们可能只是学习避免产生焦虑的情境，而永远不可能认识实际的危险是否仍然存在。例如，某家大型机电产品制造公司引进了一种新产品，但惨遭失败。公司不仅造成了大量的经济损失，而且在感情上也经受了巨大的痛苦，因为这种失败损害了企业的自我形象。以后在建议生产类似的产品时，管理者就会认为，这与使他们在当时经受痛苦、产生焦虑的决策是相同的。这种焦虑本身是痛苦的，减少焦虑的最好方法就是拒绝再次引进类似的产品。

一旦掌握了这种认知反应，它就可以通过某种减少焦虑和痛苦的方法而自动地获得强化，这种方法能使管理者避免再次尝试失败。但如果企业不再试验的话，它就不可能证实原来的假设"我们在这方面没有优势"是否正确。实际上，企业的其他一些部门正在积累这方面的经验，并且市场也发生了有利的变化。但只要那些受过创伤的管理者仍然大权在握，就不可能重新讨论这个问题，因为这会直接引起他们严重的焦虑。

这两种学习方法的差别，可以从下面两家公司的具体经营活动中得到说明。甲公司认为，增加广告预算总能导致销售额的增加（一种积极解决问题的方法），如果这种对应关系不再存在的话，公司便会很快发现，这是因为不管是什么原因造成的，销售额没有增加总是显而易见的。乙公司曾经由于广告宣传不够（回避学习）而让竞争者把主要客户夺走了，从而认识到需要增加广告预算，那么不管在什么时候，如果有人提出要削减广告支出的话，它都会产生焦虑感，并通过较高的广告费支出来"求稳"。在回避学习法中，公司没有方法来测试如果减少广告宣传的话它是否会失去顾客，因为这种测试在感情上是非常痛苦的。即使引起痛苦的原因实际上不复存在，但先前为避免痛苦的情境而学到的仪式、思考或体验的方式、信念、对自身和环境的假设却都是稳固不变的。正如我们可以把这种习惯行为称作个性中的"防卫方法"一样，我们也可以认为"社会防卫方法"是团体文化的组成部分。

但新的团体总是学习一切能够解决自身问题和其环境问题的方法，这些方法可能在团体发展的某一阶段是适用的，但并不适用于以后的发展阶段。有些方法是以创始人的个人假设为基础的。团体成员从自己的个人背景产生的深层焦虑，也会增强团体环境中的焦虑。

五、情绪理论

心理学界关于情绪的理论非常多，内容丰富，学派林立。但这里只介绍其中有关"焦虑"的理论及其学派，因为这一概念在前面的理论中频繁出现，并且对建设企业文化来说也是十分重要的。

（一）精神分析学派的情绪理论

主要集中讨论焦虑问题的情绪理论，是精神分析学派的情绪理论。该学派的创始人弗洛伊德提出了三类焦虑：客观性焦虑、神经症焦虑和道德焦虑。这三类焦虑分别代表自我对待现实、本我和超我对个人所提出的要求的软弱态度。面临环境产生的焦虑首先发生在诞生的时刻，新生儿突然面临着一个全新的环境——由母亲的体内来到体外，被来自新环境的大量刺激所淹没。这种"诞生创伤"产生的是原发性的客观性焦虑，它是以后个人生活中继发的焦虑反应的原型。当一个人面临一种创伤的可能性时，就会有一种与诞生创伤相联系的情感的复现。弗洛伊德认为，成人焦虑时出现的紧张急促的呼吸、肌肉的颤抖、快速的心跳等特征，都是模拟、重复新生儿的情绪特征。神经症焦虑产生于害怕自己的本能行为的客观后果。这种焦虑有两种形式：一是"自由漂浮"式焦虑，指个人不断预料会有最坏的结果，把偶然的事件看成是厄运的征兆，特别害怕模棱两可的情境；二是"特定恐怖"式焦虑，其范围有限，由特定的对象与情境（如打雷、疾病等）引起。道德焦虑来源于超我，而超我形成于童年时代父母的教诲和约束。害怕失去父母的爱和受到惩罚是道德焦虑的根源。神经症焦虑和道德焦虑能导致压抑，通过压抑本能的冲动以对付焦虑，而原发性焦虑则是一种本能的反射。以卡伦·霍尼为代表的后精神分析学派认为，神经症焦虑来源于无意识的对立冲动，即两种互不相容、对立的动机之间的冲突不能解决时，就会引起挫折感和焦虑。这是童年缺乏真正的温暖和感情的缘故，是因为某种原因带来儿童的不安全感造成的。儿童能够敏锐地感觉到爱是否出于真心，而不会受任何假意的欺骗。因此，霍尼强调童年中安全感在焦虑反应中的重要作用。这种焦虑与安全的关系直接关系到企业员工的安全感、归属感和企业稳定发展的良好环境，关系到企业文化的形成和发展。

（二）焦虑类型

从团体的角度来划分焦虑类型，包括：

1. 基本存在的焦虑

这是与外界生存问题有关的认知焦虑。因为人类产生焦虑的基本根源是认知负担过重和不能解释、区分作用于感觉的刺激因素。如果一个人在知觉上确实无法理解现实存在的问题，或者他承受了超负荷的刺激以至难以有效地做出反应，那么很难想象这会对他造成多大的创伤。这种基本生存问题依赖于区分和预测环境事件的能力，如区别什么是食物、危险等。人们在进入一个陌生的语言或文化环境时，就很容易产生深层的焦虑。但人类比其他任何生命更能容忍模糊性，并且喜欢寻求刺激因素和新奇的事物。不过人类不能容忍无所事事，也难以忍受超负荷的压力。所以，每个人都必须寻求一种神经系统运行的"最佳水平"。这就要依靠人类智力凝集而成的文化，并使文化成为认知、感情、行为的稳定系统因素，以防止人类智力负担过重及其模糊性、不确定性。在企业刚成立时，它的新成员并没有经历这种基本存在的焦虑，因为所有成员都给团体带来了基于某些文化的共同语言和文化范畴，他们是在这些文化中成长起来的。但随着企业的发展，当不同的成员发现在他们各自的语言背后对环境和他们如何在环境中工作存在完全不同的假设时，就会突然产生严重的焦虑。员工们在不能进行基本的信息交流或遇到沟通障碍而受到挫折时，他们往往会陷入感情退让状态，并且这些基本的、深层的焦虑可能刺激我们在团体中看到的那些情绪反应。不过在团体成员学习反映自己经历的新的语言范畴时，他们就能够减少焦虑。实际上，新的举措如公司合并、调整组织结构、争夺控制权等，可能指明了一些现存的焦虑，通过从象征性意义中分离这种感觉来使团体摆脱这些焦虑。

基本存在的焦虑不仅发生在外部求生存的问题上，而且出现在社会生存的内部问题上，如一个人是否为团体所容纳，以及怎样在对团体和自己承担的义务之间保持平衡。这种社会性的焦虑最终是以一个人童年时期和家庭的感情为基础的，在那时他必须学习如何使自己为别人所接受、容纳和爱的原则。在追求个人利益和忠于团体之间的冲突是人们常常遇到的，人们都得学习如何在不损害团体利益的条件下谋求个人利益。每个团体对解决这一问题的正确方法形成了自己的假设。但是如果以后这些已有的原则不能生效时，则由此产生的社会性焦虑是基本的和最初的焦虑。当人们第一次进入一所新学校、一家新企业、一个新单位，或者进入一种不知其地位标准的新文化环境时，人们必须重新形成自己的感情。在一个人不了解企业所希望的行为方式以及如何处理不同的情境时，存在着一种必然的和深层的紧张根源与不确定性根源，如果由于企业正处在形成阶段而没有这方面的标准可循，则大家都会产生这种紧张状态。那么团体成员就会努力稳定这种环境，并使它规范化，这可以通过制定行为准则，并运用解决问题的方法和回避学习法来共同遵守这些准则去实现。所以说，文化有助于人们抵抗危险和强大的内在冲动。巩固控制自我冲动和感情的准则，为人们通过这些准则"借用"社会力量提供了机会。霍桑试验发现，文化能够减轻焦虑正好说明了这一点。

2. 与工作相关的次生性焦虑

在企业和社会中，从事某些工作可能要承担风险和冒生命危险。如飞行员、高层钢铁建筑和深海潜水等，这些工作可以认为是次生性焦虑或与工作相关的焦虑的根源。在很多职业中都存在与工作相关的焦虑根源，比较固定的工作行为可能就是员工所掌握的回避方法。例如，在一些企业中调查某些财务数据，可认为是为了防止产生财务失控的焦虑。这些焦虑总是很难明确地与基本焦虑相区分，因为眼前已知的危险也能引起无意识的害怕。然而，企业成员能够很快地正视次生性焦虑，并能测试在新的反应中现存的风险或危险。这种危险是众所周知的，它可以获得补偿，并能够减小到最低限度。

与此相比，基本的焦虑除了作为回避方法的文化方式可以被减轻以外，别无他法。

3. 深层焦虑

所有的团体都感到无法预测他们自己的行为和工作方法所产生的后果。深层焦虑涉及的是某种痛苦和随之产生的焦虑，他们正是由用来避免基本焦虑和次生性焦虑的方法所引起的。由于文化学习发生在企业不同的发展时期，前后学习的内容往往互相矛盾，于是企业就形成了似乎是矛盾和不一致的习惯。如果要了解这种矛盾现象，以减少企业机能失调的影响，就必须回顾企业的历史，揭示在最初的文化学习中所包含的焦虑类型和程度。最早学习的文化内容往往最容易解决基本焦虑，因此它可能是最稳定的部分。如班福思发现煤矿工人们只有在他们能够重新建立社会关系，以减少在引进新技术所产生的基本焦虑后，他们才能接受高内壁技术。所以，改变这种技术的管理者必须事先促进这种社会关系的建立。

产生机能失调后果的另一原因，是团体可能在"获得满足"的基础上学习新的方法。沙因认为，经过一段混乱时期后，产生的文化创新往往以最低限度的适应性、解决短期问题和不再进行突然改变而告终，然后部分方法可能仍然沿用下来，因为它们能减少基本的不确定性焦虑。这种受到由基本焦虑引起的防卫抵抗所抑制的深层焦虑，是改变文化动机的源泉。

第三章 企业文化的内容体系

企业文化是一个完整的体系,由企业价值观、企业精神、企业伦理道德与企业形象4个基本要素组成。这4个基本要素以企业价值观为核心,相互影响,形成一个系统的互动结构。

第一节 企业价值观

价值观是价值主体在长期的工作和生活中形成的对于价值客体的总的根本性的看法,是一个长期形成的价值观念体系,具有鲜明的评判特征,价值观一旦形成,就成为人们立身处世的抉择依据。价值观的主体可以是一个人、一个国家、一个民族,也可以是一个企业,正如美国学者迪尔和肯尼迪所说:价值观贯穿人的整个活动过程的始终,也贯穿管理活动的始终,它决定了人们对待客观现实的态度、评价和取舍事物的标准,选择对象的依据以及推动人们实践和认识活动的动力。价值观的一致性、相容性是管理活动中人们相互理解的基础,是组织成立、管理成功的必要前提,在经常接触的人们之间如果缺乏这种相容和一致,那么他们之间的交往就会产生困难,就无法进行正常的管理。美国管理学家彼得斯和沃特曼在对国际知名的成功企业深入考察后指出:我们研究的所有优秀公司都很清楚它们主张什么,并认真地建立和形成了公司的价值准则。事实上,如果一个公司缺乏明确的价值准则或价值观念不正确,我们会怀疑它是否能获得经营上的成功。迪尔和肯尼迪也指出:对拥有共同价值观的那些公司来说,共同价值观决定了公司的基本特征,使其与众不同。更重要的是,这样,价值观不仅在高级管理者的心目中,而且在公司绝大多数人的心目中,成为一种实实在在的东西,它是整个企业文化系统,乃至整个企业经营运作、调节、控制与实施日常操作的文化内核,是企业生存的基础,也是企业追求成功的精神动力。

一、企业价值观的构成

企业价值观是由多种价值观因子复合而成的,具有丰富的内容,若从纵向系统考察,可分为以下三个层次的意思。

1. 员工个人价值观

个人价值观是员工在工作、生活中形成的价值观念,包括人生的意义、工作目的、个人与社会的关系、自己与他人的关系、个人与企业的关系以及对金钱、职位、荣誉的态度,对自主性的看法等。比如,员工是把工作看作是神圣的事业还是谋生的手段,是否把为企业所做的创造、奉献,为企业所尽的责任看作是自己人生的意义,是否把企业的成败荣辱视为自己的成败荣辱,能否像关心自己的前途和荣誉一样关心企业的前途和荣誉等。这些观念就形成了员工在工作上不同的价值选择和行为方式。

员工个人价值观的形成,受其年龄、个性特征、需求结构、生活经历、生活方式、学识、能力、人生理想、兴趣爱好、社会风气等多种因素的影响。马斯洛把人的需求归纳为由低级到高级的五个层次,第一个层次是生理需要,包括维持生活所必需的各种物质需要,如衣食等;第二个层次是安全需要,是免除各种危险和威胁的需要,如医疗、养老保障等;第三个层次是感情和归属需要,包括与同事保持良好的关系、得到友爱等;第四个层次是地位和受到尊重的需要,包括自尊心、名誉的满足、事业成就的认可等;第五个层次是自我实现的需要,即发挥最大潜能,实现自身价值,成就其所能达到的最大人生目标,这是最高层次的需要。人们通常按照需要的层次等级去追求需要的满足。在现代社会,人们追求低层次需要的满足一般来说不再是难题,人们的主要追求是个性的发展、自我价值的实现,因此企业员工个人价值观的多样化和复杂化不可避免。员工个人价值观是企业整体价值观的基础。如何使员工感到企业是发挥自己才能、自我实现的"自由王国",从而愿意把个人价值融进企业整体价值当中,实现个人价值和企业整体价值的动态平衡,是当代企业管理面临的一项重要任务。

2. 群体价值观

群体价值观是指正式或非正式的群体所拥有的价值观，它影响到个人行为和组织行为，正式群体是指有计划设计的组织体，它的价值观是管理者思想和信念的反映，非正式群体是指企业员工在共同工作过程中，由于共同爱好、感情、利益等人际关系因素而自然结成的一种"联合体"。在"联合体"内部，各成员配合默契、行动一致，自觉和不自觉地影响着企业的组织行为与风气。

正式群体，尤其是科层制的正式群体，其本身就是一种体制，具有一定的等级色彩。成员的职务角色、工作内容以及各种职务间包含的互助关系、服从关系、机能关系等都相当明确，群体工作目标和价值取向也十分明确。正式群体最关心组织成员是否忠诚，而易于忽略不同人的个性差异。这样，企业的正式群体价值观就有可能和非正式群体价值观发生一定程度的摩擦或矛盾。

正式群体的形成主要基于血缘、利益或是情感等因素，其特点是：虽然没有明文规定的章程，但成员有共同的形成基础和联系纽带，具有整体性特征；目的十分明确，善于通过各种方式满足自己的需求；在正常情况下，人们习惯性地交往，自然而然地结合在一起，参加与否都是自由的，不存在任何的强制性约束。非正式群体依据一定的主客观条件而产生，条件改变就有可能解体或转型，甚至可以转化为企业的正式群体。企业中的各种非正式群体都有自身的价值取向，这些不同的价值取向与正式群体的价值取向有些是接近的，也有些可能是背离的。

有人把正式群体与非正式群体比喻为"一把剪刀的两个部分"，剪刀两部分的夹角平分线构成群体运动的实际方向线。所以，非正式群体价值观一旦形成，必然对企业员工的心理倾向和行为方式产生深刻影响，对企业目标的实现程度产生直接影响。当非正式群体价值观与正式群体价值观一致时，必然促进信息交流渠道的畅通，促进企业整体素质的提高和合力的形成，加速企业目标的实现；当非正式群体价值观与正式群体价值观不一致时，必然会出现抵制企业正式群体的目标和行为，阻碍企业的正常运行。因此，企业的管理者必须正视非正式群体的作用，充分利用其特点，把非正式群体价值观引导到正式群体价值观的轨道上来；同时，也要善于处理好企业内部局部与整体的关系，善于把企业内部不同正式群体的目标和价值观融入企业整体目标和价值观之中。

3. 整体价值观

企业整体价值观具有统领性和综合性的特点。它首先是一种明确的哲学思想，包含远大的价值理想，体现企业长远利益和根本利益。其次，企业整体价值观是对企业生产经营目标、社会政治目标以及员工全面发展目标的一种综合追求，它全面地体现企业发展、社会发展与员工个人发展的一致性。因此，企业整体价值观指导，制约和统帅着员工个人价值观和群体价值观。员工和群体只要树立了企业整体价值观，就能坚定人们对整体的信念，使企业目标变为人们的宏大抱负，因而也能构筑成一种文化环境，促使每个员工超越自我，把企业视为追求生命价值的场所，引发出企业惊人的创造力。

企业整体价值观是员工个人价值观和群体价值观的抽象与升华，建立在组织成员对外部环境认识和反应态度的基础之上。企业是现代社会大生产条件下商品生产、流通和服务的承担者，是社会经济活动中的基本单位，它的经营活动既有相对的独立性，又是整个社会经济活动的有机组成部分，与社会环境存在着密不可分的复杂联系。一方面，企业需要从社会获取经营要素，如资本、设备、信息、人力资源及各种服务等；另一方面，企业又要向社会输出产品、服务、信息，向国家纳税等。正是在这种资源与能量相互交换的基础上，企业与社会环境各要素之间形成了相互依存、共存共荣的关系，产生了企业对顾客、供应商、经销商、竞争者、政府机构等相关要素的看法和态度，产生了对企业发展目标、经营目的的看法和态度，这些看法和态度成为价值观形成的基础。

二、企业价值观的取向

在西方企业的发展过程中，企业价值观的内容经历了最大利润价值观、经营管理价值观和企业社会互利价值观三次演变。最大利润价值观是指企业全部管理决策和行动都围绕如何获取最大利润这一标准来进行，经营管理价值观是指企业除了尽可能地为投资者获利以外，还常注重企业内部人员自身价值的实现。企业社会互利价值观要求在确定企业利润水平时，把员工、企业、社会的利益统筹起来考虑，不能失之偏颇。在当代，企业价值观大体包括以下四种取向。

1. 经济价值取向

主要表明企业对盈利关系的看法，企业是一个经济实体和经营共同体，因此，其价值观中必定包含十分明确的"盈利"这一经济价值取向和行为准则。但这绝不意味着优秀企业在经济价值取向上是一种单纯的谋利组织，绝不意味着企业的全部经营管理在于谋取利润最大化，若一个企业就是一味地、不择手段地赚钱，必然会成为不受社会欢迎的"经济动物"。企业必须作为一个社会器官在社会中存续，它基本的、直接的目的只有一个，那就是创造市场，满足顾客需求。管理大师彼得·德鲁克说："企业的目的在于企业之外。"为了达到这一"企业之外"的目的，它必须执行两项基本功能，即营销和创新，利润只是企业这两项主要功能的补偿和报酬之一，而不是经营结果的全部内容。因此，企业项目投资、产品开发、营销组合等抉择绝不会完全从盈利出发，其原始诱惑力与驱动力也多半不直接来自利润率的高低和利润总量的多寡，它们只是事业抉择的限界条件。

2. 社会价值取向

主要表明企业及其成员对索取与奉献，自我与社会关系的看法。企业是社会的一个细胞，是国家、社会的一个集团"公民"，因此，在经营活动中不能只考虑自身利益，向社会无节制地索取，而应同时着眼于奉献，把增进社会利益、改善社会环境、促进社会发展作为自己的责任。一个健康有效的现代企业价值观往往把社会价值取向提升到这样的高度：其一，是确认并积极处理企业的生产、经营活动造成的社会影响；其二，是确认社会问题的存在并积极参与社会问题的解决，把解决社会问题视为企业发展的机会，既满足社会的需要，又为企业发展奠定基础。这样的企业社会价值取向使得企业既负起多重社会责任，又获得一个日益改善、日渐完美的社会环境。

3. 伦理价值取向

企业伦理价值取向主要涉及企业所有者、经营者、员工之间，企业和消费者之间，企业和合作者之间等重大关系的维持与确立。经营企业如同做人，正直、善良、诚实、讲信用，这些美德不但适于个人，也适于企业。成功的、优秀的公司都极为推崇正直与诚信，并把它作为企业文化的一部分。每个公司都坚信，在信息化和知识化的市场经济环境中，没有正直的品质，不能善待他人、亲和顾客，不讲诚信，就无法经营企业。

4. 政治价值取向

企业是在一定的政治环境中生存的，经济问题、社会问题、伦理道德问题与政治问题紧密相连，在一定的社会历史条件下还可能转化为政治问题。如劳动关系问题和分配问题处理不好，就可能涉及人权、种族、失业等政治问题，对这一系列问题的看法和解决方式，都会使企业形成明确的政治价值取向。中国企业应具有明确的政治价值取向和政治责任感，在创造社会主义物质文明的过程中，注重社会主义精神文明的建设。在管理中，坚持以人为本和按劳分配的原则，通过加强民主管理，建立良好的用人机制和激励机制，充分调动劳动者的积极性、主动性和创造性。

三、企业价值观的培养

企业价值观是企业文化中最核心的内容，塑造企业价值观是一项艰巨的系统工程。它要求企业遵循员工及群体心理活动规律，正确处理好企业内部因素与外部环境、企业整体与员工个人、企业与社会以及传统文化与时代精神、现实与未来等一系列关系，逐步精心培育，才能使企业价值观既有坚实的现实基础，又具有一定的超前性。培育企业价值观，可从以下几个方面入手。

1. 实践总结重提升

要从企业实践中总结、提升企业现有价值观。一般来说，具有一定历史的企业，其价值观总是客观存在的，但由于这种观念形态的东西往往不易被人发现，因此它在企业发展中的地位和作用也就被人忽视了。迪尔和肯尼迪在《企业文化——现代企业的精神支柱》一书中指出，价值观和信念主要得自经验，得自经济环境下各种尝试所积累的结果，企业员工在特定经济环境中进行尝试后知道什么可行，什么不可行，再加以概括和总结，这就是价值观念的理念化过程。任何企业组织无论是处在创业阶段，还是处在发展阶段或成熟阶段，都存在一个确定、恪守或转变价值观的问题，如果企业在实践中已经取得了一些经验,就必须对之加以提炼,使之升华到价值观层次,在确认和进一步培育企业价值观时,要根据企业的性质、规模、类型、员工素质和经营的特殊性来选择适当的价值标准,从而反映出企业的特色。同时,价值观来源于企业实际又高于企业实际,要有超前性,以充分体现企业价值理想和长远目标的要求。

2. 继承传统多创新

坚持在继承的基础上多加创新是培养现代企业价值观的重要方法。企业价值观是一个动态的体系,要随着客观环境和企业内在因素的变化,不断注入新的内容,切实保证企业价值观在内容上与企业经营管理实践一样充满活力。在西方企业发展过程中,占主导地位的企业价值观随着生产力的发展和科学技术的进步,经历了三个阶段。中国占主导地位的企业价值观同样在其历史的演变中经历了国家利益至上价值观,国家、企业、个人三者利益兼顾价值观等不同阶段,打上了不同时代的烙印。从企业价值观的演变历程中可以看出,新的价值观的形成是对传统价值观的扬弃,是对传统价值观的继承与发展,是不断注入时代精神的创新。企业只有坚持经常审视自身的价值观,在继承的基础上不断创新,才能时刻保持企业价值观的勃勃生机。

3. 特色语言巧描述

即用富有特色的语言来表述和界定企业价值观,富有企业特色的价值观是企业成员对自己企业价值观的高度理性概括,如IBM的"IBM就是服务",海尔的"真诚到永远",诺基亚的"科技以人为本",杜邦的"创造美好生活"。一方面,有特色的价值观体现了企业人的自信,是企业自信力达到成熟阶段的标志。这种价值观不仅在高级管理人员的心目中,而且在企业绝大多数人的心目中,都成为一种实实在在的东西,真正起着凝聚、支配人行为的作用。另一方面,有特色的价值观可以使员产生一种个性感,一种与众不同的自豪感,激励起企业成员的创造潜能和竞争取胜的信心。企业价值观的表述要求:既要具有特色,用与众不同的词语表示,避免雷同,又不能过于空洞和简练。

4. 全体员工皆认同

企业价值观体系的形成要得到员工的普遍认同,提出价值观非难事,难度较大的是如何把组织倡导的价值观变为企业员工的共同信念,得到企业所有员工的认同。如果价值观仅仅是停留在口头上，没有融入员工的行动中，就失去了存在的意义，企业倡导的价值观，只有转化为普通员工的信念，才会成为企业实际的价值观，否则，它不仅对企业没有利益，还会扭曲、损伤企业的形象。企业价值观从确立到转化为全体成员的信念，是一个价值观内化的过程，也就是让员工接受并能够去自觉实施的价值观。企业价值观的内化过程中，领导者处于主导地位，领导者持续不断地灌输，以身作则，率先垂范，并应树立楷模，通过制度逐步推进。

5. 活动载体多传播

对于企业文化活动，前期宣传很重要，后期宣传更重要，前期宣传的目的是让人关注活动，后期宣传的目的则是让人了解活动，不仅让没有参加活动的人了解活动的内容和效果，也让参加过活动的人了解更多细节。宣传的一种重要形式是编写和活动有关的故事，如海尔的"砸冰箱"事件就是一个典型的例子，虽然"砸冰箱"这件事已经过去快40年了，但以此为内容的故事却流传至今，在公司内外不知影响了多少人。这种演变是活动发挥作用的重要形式，创造故事才是活动真正的力量来源。活动的组织者除亲力亲为外，也可以发动员工把活动中有意思、有意义的故事写下来，这些故事将使活动的效果成倍放大。

活动开展后还要及时总结，改进提高。在每次活动结束时，组织者都要从组织工作、活动效果等方面做出总结，以便吸取经验教训，把下一次的活动组织得更好。由于活动大部分都是周期性的，所以尤其需要总结。所有总结的内容都要记录下来，并形成新的流程、脚本、范本。

此外，企业领导者对关键事件和危机事件如何反应，美国管理学者沙因指出："当一个组织面临危机时，领导者和其他人处理危机的方式会形成一些新的规范、价值观和工作程序，揭示出一些隐含的重要假设。危机在文化创建和传播中是非常重要的。"这些关键事件，危机事件很有可能成为企业文化、企业声誉乃至企业命运的转折点。在打造企业价值观的过程中，企业要善于利用关键事件、危机事件，发挥这些事件的巨大传播价值，成功树立企业的价值观。

第二节 企业精神

一、企业精神的内涵

企业精神是一个企业基于自身特定的性质、任务、宗旨、时代要求和发展方向，为谋求生存与发展，在长期生产经营实践基础上，经精心培育而逐步形成的并为整个员工群体认同的正向心理定式、价值取向和主导意识。企业精神是时代意识与企业个性相结合的一种群体精神追求，是企业员工群体健康人格、向上心态的外化，是员工群体对企业的信任感、自豪感和荣誉感的集中表现形态。每个企业都有各具特色的企业精神，它往往以简洁而富有哲理的语言形式加以概括。例如，同仁堂的"同修仁德，济世养生"、海尔的"敬业报国，追求卓越"、歌华的"创业无涯，创造无限，敢为天下先"、日本三Ｓ公司的"善的循环"、美国德尔塔航空公司的"亲如一家"等。

企业精神作为企业文化的组成部分，从形成角度来看，它是企业文化发展到一定阶段的产物，是企业文化特质，即最富个性、最先进的内容的反映。企业文化与企业精神的关系，不是简单的包含和被包含的关系。用一个形象比喻，两者好比土壤与鲜花，企业文化是土壤，企业精神是鲜花，只有在肥沃的企业文化土壤上，才能栽培和繁育出绚丽多彩的企业精神之花。否则，再好的企业精神表达形式，没有肥沃的土壤为之提供营养和水分，也只能是昙花一现，或如瓶中插花，迟早要凋谢。

企业精神决定于企业价值观，是对企业价值观的个性张扬，能够把抽象的企业价值观诠释、演绎为一种具体的信念，对增强企业向心力和凝聚力，将企业各方面的力量集中到企业的经营目标上来起到重要的引导作用和激励作用。企业文化管理方式的最终目标就是试图寻找一种先进的、具有代表性的共同理想，将全体员工团结在统一的旗帜下，最大限度地发挥人的主观能动性。企业精神的培育是实现企业文化管理方式的重要途径。企业精神渗透于企业生产经营活动的各个方面和各个环节，它能给人理想与信心，给人鼓励与荣誉，也给人约束。企业精神的实践过程即是一种员工共同意识的信念化过程，其信念化的结果，会大大提高员工主动承担责任和修正个人行为的自觉性，从而主动地关注企业的前途，维护企业的声誉，自觉为企业贡献自己的力量。

二、企业精神的产生

任何企业精神的存在，都是企业生存和发展的客观要求。因此，任何企业的企业精神，都是从企业每个员工的行为、从企业产品制造过程、从企业经营管理的每一个具体环节中，培养、产生和体现出来的。

首先，企业精神是在企业中每个员工的具体行为中产生和体现出来的。每一个企业都有自己的经营思想和治厂方针。这就需要在生产经营和企业管理活动中，培育和产生企业精神。企业精神在规范、引导和推动员工个人行为等方面发挥的作用，可以从以下几个方面体现出来：①企业精神体现了企业自己的理想；②企业精神体现了企业鲜明的统一的价值观念；③企业精神规定了企业自己的职业道德内涵，成为规范和影响员工行为的生活准则。

其次，企业的产品制造是最基本的活动，是产生企业精神的沃土。产品生产从形式上来看是生产组织和技术问题，其实，企业生产的每一个产品都非常明显地体现着企业精神，产品品种、质量、标准和特点，无不打上企业精神的烙印。由此可见，产品究竟是"死"的还是"活"的，关键不在于产品本身，而要看生产产品的员工在生产过程中是否有一种积极进取的创业精神。只有人具有活力，产品才有活力。也就是说，一方面，企业的产品制造鲜明地体现了一个企业的精神；另一方面，企业精神又是在产品制造过程中逐步培养起来的。

最后，企业精神寓于企业管理之中。企业精神还体现在企业经营管理的各个方面，几乎在管理的每一个具体环节上，都可以感觉到企业精神的存在。长期以来，有的企业管理者只擅长抓单项管理，就技术抓技术，就安全抓安全，就思想抓思想，"各走各的道，各唱各的调，各吹各的号"，往往事倍功半。在现代企业中，企业的每项管理，都是全面管理，单一的管理是不存在的。企业中各项管理工作，既有其相对的独立性，又有其广泛的联系性，是企业管理整体的一个组成部分。所以，不要把企业精神单纯地看作和企业的技术、生产、经营没有联系的空洞词句和口号。只有在企业的每一项活动中都着力培养企业精神，只有企业精神本身这种广泛性、全面性得到充分体现，我们的企业管理才能从根本上得到成功，整个企业的生产、技术、行政、经营以及各方面的工作才能顺利地、有效地进行。

三、企业精神的基本特征

从企业精神的塑造和实践过程中可以发现，企业精神具有以下基本特征。

1. 客观性

企业生产力状况是企业精神产生的基础，企业的生产力水平及其由此带来的员工、企业家素质与追求对企业精神的内容有着根本的影响。在生产力低下、企业经营管理水平十分落后的情况下，企业不会产生与高度发达的市场经济相适应的企业精神。企业精神的倡导可以适当超前，但不能脱离现实，成为"泡沫精神"。企业精神是企业现实生产力状况、现存生产经营方式和员工生活方式的反映，这是它最根本的特征。只有正确反映现实的企业精神，才能起到指导企业实践活动的作用。离开了这一点，企业精神就不具有生命力，也发挥不了它的应有作用。

2. 群体性

企业精神是全体员工共同拥有、普遍掌握的理念。只有当一种精神成为企业内部成员的群体意识时，才是真正意义上的企业精神。当然，企业精神在产生的萌芽时期可能只表现在少数文化楷模身上，只是企业领导者倡导的一种"口号"。如果这种"萌芽"不能生长，说明没有很好的企业文化土壤，企业精神不能形成；如果这种"萌芽"顺利生长，说明有良好的企业文化土壤，经过领导者精心倡导、培育和全体员工的体验与发展，企业精神就会发育，并逐渐走向成熟。此时的企业精神一定是群体意识和共同理想的反映，企业的绩效不是来自"企业精神"的独特表述，而是取决于这种"企业精神"在企业内部的普及和渗透程度，取决于是否具有群体性。

3. 动态性

企业精神是对员工中存在的现代生产意识、竞争意识、文明意识、道德意识以及理想、目标、思想面貌的提炼和概括。无论是从它所反映的内容还是从表达的形式来看，都具有相对稳定性，但稳定并不是固定。企业精神是需要随着时代的变迁、企业内外环境的变化而不断发展的。首先，企业精神是时代精神的体现，是企业个性和时代精神相结合的产物。因此，企业精神的提炼应当能够让人从中把握时代的脉搏，感受到时代赋予企业的使命。从20世纪五六十年代的艰苦奋斗，到八九十年代的竞争创优，再到今天的顾客第一、理性竞争、智慧经营、共享共赢，不同时代造就的企业精神都会打上不同时代的烙印，体现不同时代的主旋律。其次，随着技术进步、市场变化，企业目标不断调整，经营观念不断更新，资产的优化重组以及经营体制和管理方式不断演进，都要求企业做出与之相适应的反应，不断充实、丰富或升华企业精神的内涵，这就反映出企业精神的动态性。

4. 卓越性

企业精神是企业最先进的意识和向上风貌的反映，其中必然内生有创造、创新、竞争、进取、求精和追求卓越意识的基因。况且，企业家在企业精神的培育中具有主导作用。企业家在培育企业精神的实践中，自然要把自身敢于创新和冒险的主导意识注入其中并加以强化，具有卓越性的企业精神是企业活力和财富的源泉。管理者的卓越意识体现在他的战略决策、市场开发、科学管理和有效激励上，员工的卓越意识体现在他对操作的改进、自我管理和自我控制上。任何企业经营的成功与事业的进步，无不是其积极创新、追求卓越的结果，因而从企业发展的角度来看，追求卓越是当代企业精神的基本属性，塑造着现代企业精神。

四、企业精神的内容

目前，世界各国先进的企业都非常重视企业精神的培育。从其内容来看，主张参与、协作、奉献，已成为现代企业精神的主导意志，值得企业在提炼自身企业精神时作为参考。

1. 参与精神

强调参与，是企业兼顾满足员工各种需求和企业效率、效益要求的基本理念。员工通过参与企业，发挥聪明才智，得到比较高的经济报酬，改善了人际关系，实现了自我价值。而企业则由于员工的参与，改进了工作，降低了成本，提高了效率。根据日本公司和美国公司的统计，实施参与精神和参与管理可以大大提高经济效益，一般提高幅度在50%以上，有的可以达到一倍甚至几倍，增加的效益一般有1/3作为奖励返给员工，2/3作为企业增加的资产投入再生产。培育参与精神，使员工以文化主体的身份参与管理，企业要特别注意引导，要把企业当前的工作重点、市场形势和努力的主要方向传达给员工，使员工的参与具有明确的方向性。

在美国的许多公司中，参与作为一种企业精神，要求每个员工每年要写一份自我发展计划，简明扼要地阐述自己在一年中要达到什么目标，有什么需要，希望得到什么帮助，并对上一年的计划进行总结。自我发展计划，一方面是员工实行自我管理的依据；另一方面给每个员工的上级提出了要求：如何帮助下属实现自己的计划，它既可以作为上级人员制订自我计划的基础，又可以成为对上级人员考核的依据。每个员工应随时提出合理化建议并定期填写对公司意见的雇员调查表，这个调查表可以使那些没有参与管理积极性的人也参加进来，他们对公司工作的评价会成为管理部门主动了解意见和建议的基础。雇员调查表的内容比较广泛，涉及公司业务的各个方面。企业每年进行一次员工评议，包括总经理在内，都要受到他的上级和下属、与他有关的平行部门（企业内外）的评议。

2. 协作精神

协作是大生产的基本要求，也是企业谋求创造整体放大效应的要求。协作不仅能放大整体价值，也能更好地实现个体价值。因此，协作是现代企业精神中的基本要素。

促进协作精神的方法是多种多样的，可以通过确定明确的分工、制定清晰的岗位职责以及协作制度等，还可以利用工作后的聚餐、郊游等形式来增进同事之间的私人感情和协作精神，使同事的联系之外加上朋友的关系。日本的企业界，很多经理几乎每天晚上都要和年轻的职员一起聚餐、聊天，直到深夜，这种聚餐已成为日本各公司的普遍做法。在美国，过去有工作后社交的习惯，但一般不涉及同事，近年来，这种社交活动逐渐向同事关系扩展。协作精神还可以通过非正式组织、团队（或以班组，或以部门、临时任务组织，或以兴趣小组为基础）形式来促进企业员工的协作精神。团队在许多现代企业中已成为促进企业员工协作精神的有效手段和组织形式。美国管理学家哈默指出，团队是一个伟大的创造，是现代企业管理的基础，是重新构建公司的一个基本出发点，具有强大的生命力。

3. 奉献精神

奉献精神是与企业的社会责任相联系的。它体现在企业运营中即关心整个社会的进步与发展、为社会多做贡献的境界。企业只有坚持公众利益至上，才能得到公众的好评，使自己获得更大的、长远的利益。这就要求企业积极参加社会公益事业，支持文化、教育、社会福利、公共服务设施等事业。通过这些活动，在社会公众中树立企业注重社会责任的形象，提高企业的美誉度，强化企业的道德责任感。比如，在美国，处于最激烈的市场竞争中的企业深知人才的重要，他们希望有更多的人才涌现，因为那里面就有他们公司的未来。因此，教育成为企业资助最多的领域。芝加哥商学院院长哈马达说，许多公司，无论大小都积极资助芝加哥商学院这样的学校，他们的出发点是为了振兴社区和经济，并不是出于一时的利润动机。1995年，芝加哥商学院获得了一项诺贝尔经济学奖，这是他们第四次获奖，是与公司的大力捐助分不开的。资助教育事业不仅对大学科研是重要的，对中小学校的教育同样也是重要的，特别是对那些贫困的孩子，给了他们以金钱买不到的精神力量，使他们一生受用。讲奉献精神，不光体现企业对社会的责任感，在企业内部，也体现员工对企业的责任感。尽管在等价交换原则和劳动契约制度面前，不能硬性推行无私和无偿奉献，但企业倡导奉献精神，员工践行奉献精神。每个人都十分清楚，这不仅于企业有益，于个人也有益，倡导奉献精神能够使企业找到企业价值最大化和个人价值最大化的平衡点。

当然，现代企业精神的内容远远不止这几个方面，如创新精神、竞争精神、开拓精神、进取精神等都是现代企业精神的突出表现。这些精神从源泉上来讲，多是市场经济条件下企业内生的精神，是企业精神的本质属性。在中国不发达的市场经济条件下，这种内生的精神也应同现代企业所需要的参与精神、协作精神和奉献精神同样加以倡导。

五、企业精神培育的原则

企业精神的培育是有意识、有目的地进行的，并非自然形成的。培育企业精神，必须遵循以下几个方面的原则。

1. 目标融合原则

人们都有"肯定自我价值"的需要，如果不献身于某个崇高的目标，就不会得到自我价值。但是，员工的自我价值是在为企业目标实现的过程中得到实现的，若是企业目标无法实现，那么员工个人的自我价值也就无法实现。在培育和塑造企业精神的过程中，只有将个人价值目标和企业目标融合起来，才会在企业的发展方向上形成合力。世界上许多优秀公司成功的经验表明，对于经营成功具有根本意义的，是一个价值观念问题，必须有一种基本的信念，以维系、动员、激励企业的全体员工，去充分调动人的积极性。这正是企业精神所必需的群体价值观念，这种群体价值观念能将员工个人价值目标与企业目标有效地融为一体。

2. 企业优势原则

世界上所有经营成功的企业无一例外都具有自己的企业精神，而每一个企业的企业精神又都有着各自的特色，这是企业优势的特色，没有特色的企业精神或者说体现不出企业优势的企业精神也就无法称其为企业精神。这种所谓的特色正是由于在企业精神的培育过程中，遵循了"企业优势"这一原则的结果。如日本松下公司的"松下七精神"的形成正是体现了松下公司的经营管理特色，因而也就成为松下公司成功的象征，甚至成为日本成功的象征。当前，我国企业改革正向纵深推进。随着新的企业制度的建立，企业精神也相应地会得到建立和发展。但是，应注意的是在企业精神的培育和塑造过程中，不能一味地模仿国内和国外成功的经验，要根据本企业的特点、优势去发展和建立具有本企业特色的企业精神，真正建立起一个具有民族特色、时代特色、企业特色的社会主义企业精神。

3. 亲密原则

这是培育企业精神过程中所应遵循的重要原则。企业是由人组成的群体，在这个群体中，人们相互间必然要结成一定的关系，也就是所谓的人际关系。企业内部的人际关系融洽，员工就会有一种置身于自己家中的安全感、舒畅感和归属感，员工个人就会与企业融为一体，以企业为家、以企业为荣，也才能从空想变成现实。于是，企业的发展目标也就成为员工的个人目标，两者在前进的方向上才能形成合力。在这方面，日本的一些企业有其独到之处。日本一些企业家认为，每一个人都有经济、社会、心理和精神上的需要，在他们看来，照顾一个人的整个生活是公司的责任，这个责任不应当推给其他机构（譬如政府、家庭或宗教组织）。他们认为，个人的需要能在企业内得到满足，员工才能努力工作。从这样一种观点出发，日本的一些公司不仅十分重视经营管理，而且十分重视员工的业余生活。日本的某些优秀公司，不仅以高效率的生产和高质量的产品而闻名，而且还以注重"家庭情感"而著称。

可见，企业的成败，固然有赖于管理水平的高低，同时也有赖于情感维系作用的强弱。每一个员工，不仅希望自己的工作有意义，希望自己在事业上有奔头，而且希望工作本身就是一种有人情味的生活，或至少是这种生活的重要组成部分。在一种融洽的家庭式气氛中，工作上必然会碰到的焦虑、压力才能以种种方式得到缓解，获得成就的喜悦也会有人分享。这种情感需求的满足，必然形成强大的工作动力和职业精神。

4.共识原则

企业作为一个经济组织，无疑需要加强管理，然而大部分的企业领导者对于管理的概念、领导的概念仅仅理解为"指挥"，或者虽然意识到管理或领导方面十分重要的是组织与协调，但在行动的时候却习惯于"指挥"和发号施令，这样的领导方式往往是不成功的。特别是在现代社会组织领导一个企业，与指挥军队打仗有着天壤之别。只有在战斗中的危急气氛中，指挥行为才能成功。企业的经营能否成功，主要应看企业是否能够聚集创造性，企业领导是否能够激励企业的员工和管理人员一起为企业的发展进行创造性的思考和创造性的工作。由于社会生产力的不断发展，科学技术水平的不断提高，人们通过各种途径都可以获得继续学习、继续教育的机会，因而企业员工的文化素质和文化构成都将得到不断的提高和改善。所以，员工不愿意心甘情愿地、被动地接受别人的"指挥"，不愿意放弃自己的独立思考，积极主动地参与企业管理已成为员工的自觉愿望和行动。因此，为适应这种变化了的情况，企业领导必须从"指挥"变成"共识"，也就是说，要善于把领导者的思想、观点和员工的思想、观点融合起来，达成促成企业发展的"共识"。这一原则，在企业精神培育和塑造过程中也是相当重要的。

六、培育企业精神的方法

企业精神不是自然形成的。既然如此，那么，培育企业精神就有一个方法的问题。归纳起来，这些方法大致有以下几种。

1. 舆论宣传法

加强舆论宣传是培育企业精神的一个重要方法。企业精神虽然本身具有深入人心的渗透力，但其培育和塑造离不开舆论宣传。这是因为，现代社会是"知识爆炸""信息爆炸"的时代，信息量的剧增正在改变着人们的生产方式和生活方式，也孕育着人类社会新的文明，即工业文明。特别是今日的中国社会正处于急剧变革的大潮中，信息的及时传播与沟通对于生产的发展和社会的变革是十分重要的。在企业的生产经营活动中，关于企业精神方面的信息是否能够及时迅速地进行沟通和传播，则直接依赖于企业内部的传播媒介，即舆论宣传工作开展得如何。通过舆论宣传可以造成为培育和塑造企业精神服务的舆论环境，使企业精神通过舆论的作用达到深入人心的效果。

2. 领导垂范法

企业精神的培育和塑造总是与模范人物的榜样作用和企业领导的垂范作用紧密相连的，而后者的作用更大，更具实际意义。企业精神培育和塑造的目的在于为企业员工提供一个群体价值观和共同接受并认同的信念与理想。然而，企业的领导人若不受群体价值观和共同信念、理想的制约，对此无认同感，那么企业精神的培育和塑造就失去了存在的意义，企业也就不会具有向心力、凝聚力，在激烈的市场竞争中当然也就无法战胜竞争对手，求得企业的生存和发展。因此，企业领导必须带头按照企业精神的要求去做，凡是要求员工群体做到的，领导者必须首先带头做到，即使不要求员工做，而对于企业发展有利的事情，领导者也要做。这样，领导的率先垂范作用就会在促进企业精神的培育和塑造过程中得以充分表现出来。

3. 典型启迪法

企业精神包括企业中先进人物的模范精神，榜样的力量是无穷的。先进模范人物的作用对于企业的广大员工常常具有鼓励、鞭策的作用，而广大员工也正是在先进人物的精神感召下努力向上，为企业的发展贡献他们的力量。企业精神的培育和塑造可以通过先进人物的模范事迹和榜样作用给广大员工以启迪，从而使广大员工学有榜样，干有奔头。

4. 目标激励法

企业精神的培育和塑造要利用行为科学的研究成果，利用目标激励法来进行。所谓目标激励法，就是采用种种措施去激发人的动机，使人有一股内在的动力，朝向群体价值目标前进，以利于实现企业的目标。企业员工的表现有好、中、差之分，通过目标激励法，就是要不断地使表现好的员工继续保持积极行为，使表现一般的和差的员工逐步地变成主动积极为企业做贡献的人，促使更多的人能够自觉自愿地去为实现企业目标而奋斗。目标激励法在调动员工积极性以实现企业目标、培育和塑造企业精神方面有重要作用。首先，通过目标激励法，可以把有才能的、企业所需要的人吸引进来，为企业发展而工作，从而增强企业的向心力和凝聚力。其次，通过目标激励法可以使企业员工最大限度地发挥他们的聪明才智，变消极为积极，从而保持工作的有效性和高效率，以利于企业群体价值观的形成。最后，通过目标激励法还可以进一步激发员工的创造性和革新精神，大大提高企业的经营效果，从而培育企业员工的创新精神和竞争意识。

5. 感情投资法

感情投资法在企业精神的培育和塑造过程中尤为重要。因为企业的员工不仅是"经济人"，更重要的还是"社会人"。员工除了关心个人收入以外，更注重工作上的成就感、归属感和工作中犹如家庭一样的亲切、愉快、舒畅的氛围。企业的经营管理人员要自觉地和广大员工融为一体，形成一个民主、平等、和谐的生产经营环境。还要采取多种措施帮助员工解决生活中的困难，改善员工的工作环境和工作条件，关心员工的物质利益和精神生活，尽量满足员工的合理要求。感情投资法可以增加企业精神的渗透力，使企业精神能很快地深入人心，成为企业员工的精神支柱。感情投资法对于企业精神的培育和塑造，对于企业目标的实现都是十分重要的。

6. 形象教育法

形象教育法是在企业精神的培育和塑造过程中最直观、最生动的一种方法。所谓形象教育法就是通过厂容、厂貌、厂徽、厂旗、厂歌甚至厂服，通过口号、标语等来体现企业的战略目标，同时也通过企业的拳头产品和先进技术不断丰富企业形象，以激励员工的自豪感、责任感的一种方法。整洁的厂容、壮美的厂貌可以激发员工的自豪感；明亮而富有特征的厂徽、鲜艳的厂旗可以激发员工的责任感；嘹亮的厂歌可以鼓舞员工的士气；醒目的标语口号可以感召员工奋发努力；走向全国甚至世界的拳头产品可以增强员工的创新意识和竞争意识；先进的生产技术可以使员工为社会生产更多、更好的产品。所以，形象教育法是培育和塑造企业精神的重要方法。

第三节　企业伦理道德

企业伦理道德是企业文化的重要内容之一，是一种特殊的意识形态和行为规范。贯穿企业经营活动的始终和管理活动的各个层面，对企业文化的其他因素以及整个企业运行质量都有深刻影响。

一、企业伦理道德的概念

理清企业伦理道德的概念，应首先看什么是伦理、道德。在印欧语系中，伦理、道德两词分别源于希腊语和拉丁语，其原来含义都是"风尚""习俗"的意思。在中国，古代哲学以"道"表示事物运动变化的规律或规则，而把"道"对自己有所得的东西称为"德"。而"伦理"一词中的"伦"是指人们之间的关系，"理"则是道德或规则。可见，伦理比道德前进了一步，是指人与人之间关系的道德和规则。当代人们常常把伦理和道德合并使用。所谓伦理道德，是指人类社会依据对自然、社会和个人的认识，以是非、善恶为标准，调整人们社会关系的行为规范和准则。企业是一个小社会，企业内部存在着股东、管理者、普通员工相互之间的错综复杂的关系，企业对外与社会公众也有多方面复杂的社会关系。正确处理和协调好这些关系，促进企业的健康发展，就必须有相应的伦理道德。企业的伦理道德就是指调整企业与员工、管理者与普通员工、员工与员工、企业与社会公众之间的关系的行为规范的总和。

企业伦理道德的主要范围包括以下几个方面。

1. 企业与员工间的劳资伦理道德

这包括劳资双方如何互信、劳资双方如何拥有和谐关系、伦理道德领导与管理等。这可以体现在关心员工上，由于公司对员工的关怀，使员工感到生活、工作具有稳定性，感受到公司的温暖，感觉到个人事业有前途，进而从根本上增强了公司的凝聚力、向心力。关心员工还需要关心员工的进步，员工最想得到的就是在犯错时有人立即给他指出来，能让自己的工作得到改进，不断地进步，让自己在不久的将来能有所收获。

2. 企业与客户间的客户伦理道德

客户伦理道德的核心精神，即满足客户的需求才是企业生存的基础。满足客户需求是企业经营的目标，也是企业存在的重要价值。客户伦理道德主要是服务伦理道德，指企业要为客户利益着想。为客户利益着想包括站在客户立场上研究和设计产品、重视客户意见、诚信待客、提供优质的售后服务等，比如了解产品的技术规格，确保没有进行夸大表述，避免过分夸大产品的安全性，没有价格歧视等。

3. 企业与同业间的竞争伦理道德

这包括不削价竞争（恶性竞争）、散播不实谣言（发黑函、恶意中伤）、恶性挖角、窃取商业机密等。

4. 企业与股东间的股东伦理道德

企业最根本的责任是追求利润，因此企业必须积极经营、谋求更多的利润，借以创造更多的股东权益；清楚严格地划分企业的经营权和所有权，让专业经理人充分发挥，确保企业营运自由。

5. 企业与社会间的社会伦理道德

企业与社会息息相关，企业无法脱离社会而独立运作。企业与社会间的社会伦理道德包括：取之于社会，用之于社会；重视社会公益，提升企业形象；谋求企业发展与环境保护之间的平衡等。

6. 企业与政府间的政商伦理道德

政府的政策需要企业界的配合与支持，金融是国家经济发展的重要产业之一，因而金融政策更是政府施政的重点，企业必须遵守政府相关的法规，更要响应并配合政府的金融政策。

二、企业伦理道德的特征

1. 企业伦理道德与社会伦理道德既有一致性，也有独特性

所谓一致性，是指企业伦理道德反映了社会伦理道德的基本精神和要求，是社会伦理道德的具体体现。但企业伦理道德产生于企业特定的经营活动过程，是企业处理各种经济关系时遵从的特定道德规范和道德要求，因此，又有自己鲜明的独特性。高尚的企业伦理道德是先于社会伦理道德而产生的，是社会伦理道德中的积极因子，显示着社会伦理道德的发展方向。

2. 企业伦理道德与企业规章制度紧密相连，又具有独立性

企业伦理道德与企业规章制度都是企业中调节人们行为的力量。企业规章制度的内容体现着企业伦理道德的基本要求；企业伦理道德渗透在企业规章制度中，通过有关的"章程""条例""制度""守则""准则""规范""规程""流程"等形式发挥作用。企业伦理道德与企业规章制度具有统一性。必须看到，任何企业，规章制度再严密，对员工行为的约束也有鞭长莫及之处，伦理道德在此时起到补充作用，从而使企业规章制度与企业伦理道德相互结合，产生更大的约束力。企业伦理道德与企业规章制度存在着职能上的区别，前者要求企业员工"应该怎样做"，但不是靠强制来实现的，后者要求企业员工"必须这样做"，它是一种对禁止性后果的确认，是靠强制力量实现的。企业不能对员工所有的行为均采用强制手段，需要强制的只是员工与企业生产经营正常秩序相联系的行为。而对于倡导的行为，一般要通过倡导某种先进的道德风尚来实现，这就是道德的独立性。

3. 企业伦理道德具有稳定性

企业伦理道德是同企业、事业单位员工的职业生活以及职业要求相适应的。由于企业的事业定位及经营特点、员工职业性质和工作岗位保持相对稳定性，因而在企业经营实践中，会形成比较稳定的职业心理、职业习惯和职

业道德评价。这种心理、习惯和评价，就会铸成企业员工稳定的道德品质，从而决定了企业伦理道德的稳定性。企业伦理道德与社会伦理道德的一致性，也使其与员工所受的家庭和社会教育相一致，这也强化了企业伦理道德的稳定性特征。

三、企业伦理道德建设

企业伦理道德建设是一个长期过程，需要企业与精神文明建设及思想政治工作创新相结合，做好长期规划，做出积极努力。从实践角度来看，企业应做好以下几点。

1. 确立正确的道德规范

要发掘企业的优良传统和道德习俗，确立正确的道德规范。企业的优良传统和道德习俗是企业经营及各种交往活动中经常重复出现的、带有一定道德取向的习惯性行为，具有稳定性和大众性。企业进行伦理道德建设，必须善于发掘和吸取传统道德观念和习俗中的精华，注入符合时代要求和本企业实际情况的新内容，建立完善的伦理道德体系和标准，要使员工明确：哪些是对的，哪些是错的；哪些应该做，哪些不应该做。经过长期不懈地灌输、说服、示范、疏导，最终使这些抽象的伦理道德观念，转化为员工可操作的道德规则、规范和标准。

2. 与员工教育相结合

伦理道德建设同员工教育相结合，良好道德的形成不是孤立的，它同员工的政治素质、文化素质紧密相连。员工具备一定的政治素质和科学文化知识，不仅是提高思想水平和业务技术水平及能力的前提，也是企业伦理道德建设的基础。因此，企业在伦理道德建设过程中必须坚持对员工进行理想信念教育、基础文化教育、科学技术教育、企业文化教育等，使员工能够自觉地意识到自己是企业伦理道德建设的主体，自觉地对自己的行为负责，逐步做到不管是否具有外界的监督，自己都能不断战胜自身的非道德因素，不断提高自身的道德境界和道德层次。

3. 坚持管理创新

企业伦理道德建设要与管理创新相结合。企业伦理道德建设的基本目的之一，就是规范员工的行为，使员工在良好的道德环境中积极工作，发挥主动性和创造精神，为此，企业的管理者应充分利用社会学、行为学、心理学等知识，不断进行管理理念与方法创新，在强化硬性管理的同时，注重发挥软性管理的作用，如改善管理者与员工的关系，尊重员工的意见与建议，扩大民主管理的范围，使员工有更多的机会参与管理与决策等。只要员工有了主体意识和主人翁责任感，就会表现出良好的敬业精神和道德风貌。

4. 强化规章制度建设

企业伦理道德建设要与规章制度建设相结合。企业伦理道德建设是一种心理建设，主要诉诸舆论与良心。从建设方法上来看，一方面要通过对员工进行反复、系统的伦理道德教育，强化员工道德意识，使之形成道德自律，养成道德习惯。另一方面，当某种先进道德被多数人认同后，也需要适时通过规章制度的形式固化下来，使其体现企业伦理道德的要求，成为硬性约束，起到严格规范员工行为的作用。

5. 个人示范和集体影响相结合

个人示范和集体影响是企业伦理道德建设中相辅相成、缺一不可的两个方面。个人示范有两种，一种是企业管理者在经营管理过程中身先士卒，以身作则，以自己模范的道德行为成为员工的表率；另一种是先进人物的典型示范作用，也就是通过挖掘培养、宣传典型人物，以典型的力量来引导员工自觉遵从企业的道德规范。重视集体影响，主要是利用各种集体活动礼仪，形成良好的道德风尚，使员工置身其中，通过整体氛围的熏陶和相互影响，促进大家提高道德水平。

第四节 企业形象

一、企业形象的内涵及特征

（一）企业形象的内涵

人们常说的形象，是指通过人的视觉、听觉、味觉、触觉等各种感觉器官在大脑中形成的关于某种事物的整体印象，可以简单地理解为形象就是各种感知的再现。我们应该认识到，这种印象并非事物本身，不同的人对同一事物的感知不完全相同，因为人对事物的意识具有主观性。但是，某种形象一旦在人的头脑中形成以后，确实会影响人们对该事物的反应。

所谓企业形象，是企业内外对企业的整体感觉、印象和认知，是企业状况在公众心目中的综合反映，包括公众印象、公众态度和公众舆论三个层次。公众通过各种传播媒介以及其他渠道和接触过程形成对企业的印象，公众根据自己的经验形成自己的判断，进而形成具有相对稳定的公众态度，其中多数人的肯定或否定形成公众舆论。公众舆论通过大众传播媒介和其他途径（比如大众间的口口相传）的传播和扩散对人们的行为起导向作用。

由于企业管理水平的差异，企业形象有好坏之分，当企业在公众心目中具有良好的形象时，消费者就愿意购买该企业的产品或接受其提供的服务；反之，形象不好的企业，消费者就不愿选择其产品或服务。当然，我们这里所说的企业形象指大多数公众对企业的认知和感觉，任何企业不可能使所有的公众都对其产生良好的印象，由于个人的文化素养、审美观点、生活体验等的不同，再加上一些偶然性的因素，不同的人就可能对企业形成不同的印象，多数人认为企业很好时，可能还是有人会觉得该企业并不怎么样，就像没有十全十美的事物一样。我们应该认识到，企业形象也是"只有更好，没有完美"的，对于企业而言，应该通过提高产品和服务的质量来不断提升自己的形象，注意一些细节可能给企业带来的负面影响，使不好的影响降到最低。有一家企业生产出了质量好、工艺佳、价格合理的产品,而且也为消费者提供了很好的售后服务,但由于种种原因,运输途中有某件商品发生故障,外观上又无法鉴别,买到有问题商品的消费者对该企业的印象必然要打折扣。那对于此种情况,企业就应该积极地处理,尽量挽回消费者对企业的不良看法。在企业的日常经营中,类似这样的例子是不胜枚举的。可见,要保持一个良好的企业形象是一件很难的事情。不过,这并不是说形象是不可捉摸、不可控制的。通过一些大家都接受的价值观念,如诚信、创新精神以及良好的服务意识,来提高企业形象的认可度是非常可能的。虽然不能做到十全十美,但也应尽量接近完美。

(二)企业形象的特征

企业形象对于不同的企业来说,表现形式是千变万化的,但总体而言,企业形象的基本特征还是可以把握的。企业形象具有以下四个基本特征:

1. 主观性和客观性并存

企业形象本身来源于市场公众的感知和印象,受不同的个体价值观、思维方式、审美取向、生活经历、社会地位、性格差别等因素的影响,不可避免地打上深深的主观性烙印,如此一来,同一个企业在不同人心目中会产生不同的甚至是大相径庭的印象便不足为奇了。此外,企业自创立起就会逐渐形成其自身的独特形象,这种现象虽然源于主观上的价值判断,其本身却是一种客观存在,不管企业本身或他人承认与否,是喜欢还是厌恶,企业形象始终是企业不可分割的一部分,永远与企业共存。因此,企业形象又是客观的。

2. 系统性

一般来说,社会公众对企业形象的认识只是一种简单的判断,这种判断是模糊的,仅仅用好和坏就可以定位和表示。但实际上,企业形象远非这么简单,它是由各种物质因素或非物质因素构成的复杂系统,具有很强的系统性。从物质形态看,企业形象的要素包括产品质量、功能、色彩、包装等产品因素,商标、服装、厂房等标志因素;从行为要素看,企业形象包括员工素质、行为规范、服务习惯等内容;从企业精神看,企业形象还包括企业目标、企业宗旨、企业风气等内容，这些要素虽然看起来错综复杂，但却并非杂乱无章的，而是相互依存、互为条件的，有着整体的系统性。因此，塑造企业形象需要从整体入手，进行全面规划，任何一个环节出现问题，都会影响企业的形象。

3. 动态性

企业形象并不是一成不变的，而是始终处在一个动态变化的过程之中，这种变化过程就是企业形象的动态性。企业形象之所以具有动态性，主要有两个方面的原因：首先，构成企业文化要素的企业存在状况不断发生变化，如企业的生产经营情况，企业的产品质量、服务意识、市场地位等要素无时无刻不在发生变化，这种变化直接导致企业形象的变化，从某种程度上说，这一变化过程本身就是企业形象的变化。其次，社会公众价值观对企业的要求不断变化。企业形象的好坏本身就是社会公众的判断。随着社会的发展、技术的更新，物质产品越来越丰富，市场越来越繁荣，人们对产品和服务的要求自然会越来越高，消费观念也逐渐发生变化，看待企业的眼光也越来越"挑剔"，在这种情况下，即使企业保持自己一贯特色，其形象在公众眼中也会发生变化。因此，要保持企业的良好形象，就不能一成不变，必须在企业本身状况和社会公众欣赏的眼光中求得动态平衡。

4. 相对稳定性

企业形象的动态性说明其不断变化的过程，这种变化过程是一个客观存在的长期趋势，但并不意味着是没有规律可循的。企业形象的产生发展是一个连续过程，在一定时期内具有相对稳定性，是可以认识和把握的。企业形象始终是与企业紧密联系在一起的，并且无法分割，企业是其赖以存在的物质基础，随着企业的变化，企业形象也就发生变化，对一个特定期间来说，企业的状态是相对稳定的，因而企业形象也保持相对稳定。另外，企业形象的动态性和相对稳定性并不矛盾，而是相互统一的。相对的稳定性，实际上就是动态稳定，企业形象在发展变化过程中，也总是要继承原来形象的基础。

二、企业形象的分类

企业形象分类的标准有很多，依据不同的分类标准，可以对企业形象做如下的分类：

1. 内在企业形象和外在企业形象

这是以企业形象的表现形式为标准来划分的。好比我们观察一个人，有内在气质和外在容貌、体形之分，企业形象也是如此。内在企业形象是指企业目标、企业精神、企业哲学、企业风气等看不见、摸不着的部分，是以无形的形式存在的，是企业形象的核心体现。外在形象则是指企业名称、商标、广告、厂房、厂歌、产品的外观、产品包装、各种企业公开活动等具体的存在形式，是看得见、听得到的部分，是企业形象的外在表现。这两者并不是割裂的和孤立的，而是统一的和互相依存的，外在企业形象反映内在企业形象，内在企业形象在很大程度上决定了外在企业形象。例如，企业精神、企业哲学等内在的东西是通过产品、服务等外在形式来表现的。

2. 正面企业形象和负面企业形象

这是以社会公众的评价和态度为标准来划分的。正面形象是公众对企业形象认同和肯定的部分，负面企业形象是公众对企业形象抵触和否定的部分。实际上，任何企业的企业形象都有正反两面，既有被肯定和认同的部分，也有被否定和排斥的部分，即使对于企业的同一方面的特征，也可能会有一部分公众持赞成态度，另一部分公众持反对态度。例如，IBM笔记本电脑一贯以黑色为主色调，许多人认为这是庄重、高贵的，但同时也被一些追求时尚的年轻人认为这是死板和土气的。从这个角度来说，企业的正面形象和负面形象总是客观存在的，企业不应该也没法回避。对于企业来说，理智的做法是在努力扩大正面企业形象的同时，积极消除负面企业形象。

3. 直接企业形象和间接企业形象

这是以公众获取企业信息的渠道不同为标准来划分的，直接企业形象是指社会公众直接接触企业的产品和服务，由亲身体验形成的企业形象，而根据他人的经历或通过传播媒介等方式得到的企业形象属于间接企业形象。相对而言，直接企业形象非常重要。俗话说，百闻不如一见。如果一个客户在购买一件商品时，看到的是粗陋的包装、落后的设计，试用时产品也出现很多毛病，这种情况下，不管广告做得多么漂亮，也不论别人告诉他这产品有多么好，这家企业是多么不错，他也一定不会购买了。因此，企业在花大力气通过各种媒体手段塑造间接企业形象的同时，千万不要忽略企业的直接形象的作用，千万不要认为树立企业形象只能靠广告宣传，而不注重提高产品质量和水平。

4.主导企业形象和辅助企业形象

这是根据公众对企业形象和因素的关注程度为标准来划分的，公众最关注的企业形象因素构成主导企业形象，而其他公众关注的一般企业形象因素构成辅助企业形象。从理论上划分比较简单，实际运用中却比较复杂，因为不同的人对企业形象构成要素的侧重点差异较大，所以什么是主导企业形象和辅助企业形象就较难合理划分。例如，对于电视机，有的消费者最关注质量，有的消费者最关注价格，有的消费者最关注外观等。所以，这就要求企业做此类划分时，首先必须明确自身的目标市场和目标消费群，再根据目标消费群的特点来划分主导企业形象和辅助企业形象。另外，也要注意，企业的主导形象和辅助形象并不是固定不变的，在一定情况下二者可以互相转化，一定时期的主导形象可能随着时间的推移而转化成辅助形象，反之亦然。企业应时刻把握市场动向，搞清楚目标市场和消费群体关心什么、需要什么，主动适应新变化，塑造良好的企业形象。

三、塑造企业形象的重要意义

1.塑造企业形象有利于增强企业竞争能力

企业形象是企业重要的竞争要素，良好的企业形象是企业不可忽视的无形资产。对市场和消费者来说，企业的独特风格是通过感知企业文化而形成的企业形象，一个好的企业形象，会使社会公众一经接触，便感觉到该企业与众不同，在心理上产生良好的反应，进而形成良好的印象。

名牌产品之所以能获得大量消费者的认同，正是因为在消费者的眼中，名牌是信任的标志和荣耀的象征，消费者愿意花比同类商品高出很多的价格购买名牌，在很大程度上不是该产品本身的使用功能，而是名牌所引申出来的气派、身价和信赖感。对于企业来说，名牌商品的价格远远高于普通商品，能为企业带来更大的经济效益，所以，良好的企业形象、品牌形象，能为企业带来更大的市场。

2.塑造企业形象有利于完善企业经营管理

加强和完善企业内部管理，是实现企业经营战略目标的组织保障和行为保障。通过塑造企业形象，可以对企业的办公系统、生产系统、管理系统，以及营销、包装、广告等系统的形象形成规范化设计和管理，从而调动每个员工的积极性并实现企业发展战略。通过塑造企业形象，可以完善企业的各种规章制度，以企业文化和经营理念为指导，统一员工的行为，然后，针对企业内部不同层级的员工制定具体的行为准则，保证每一个岗位都有规范制度可以遵循。同时，通过教育、培训员工来提高员工对企业形象的认识，以企业形象激励员工的斗志和士气，形成员工自我约束和自我管理的风气，对实现企业经营管理目标有很好的促进作用。

第四章 建设企业文化的路径

企业文化是企业全体成员共同认可和接受的、可以传承的价值观、道德规范、行为规范和企业形象标准的总称，是物质文化和精神文化的总和。其中物质文化是外显的文化，包括企业的产品、质量、服务以及企业的品牌、商标等；精神文化主要指隐性文化，包括价值观、信念、作风、习俗、行为等。在我国，企业文化提出已有多年，企业文化建设愈来愈受到企业家们的重视，优秀的企业文化造就了长久不衰、优秀的企业。企业文化建设应该"内外兼施"，创造符合企业发展战略的文化环境。

第一节 企业文化建设的一般规律

由于各国社会制度不同、历史文化背景不同、所处历史阶段及企业具体情况不同，中国企业除了在对国外企业文化建设的经验有选择地加以借鉴外，必须建设具有自身发展特色的企业文化。

一、准确定位、科学推进

企业文化是一个企业在长期生产经营过程中形成和发展起来的，是一个企业的生存方式和发展方式。企业发展实践是企业文化产生与发展的基础，反过来企业文化又对企业的发展发挥促进作用。企业文化是企业发展的精神动力和思想灵魂，在一定程度上反映了企业经营管理者和全体员工的文化素养和文化追求。企业文化建设的程度和水平，既与企业发展的阶段性直接相关，又与企业家的素质和职工的整体状况直接相联。而且，它的一个显著特点就是内生性，只有内在生长起来的文化，才能适应这个企业的需要，才能成为企业核心竞争力的组成部分,从而真正促进企业发展。企业文化建设可以学习借鉴,但不可以照搬;可以适当引导,但不可以超越阶段;可以积极创造,但不可以忽视企业职工的整体特点。

中国企业的企业文化建设应遵循"三个规律"。一是遵循企业文化形成和发展的基本规律,认清文化建设的长期性,做到统筹规划、分步实施,注重文化积淀,不断实现文化提升,建设优秀的企业文化需要长期的培育过程。二是遵循企业成长的规律,认清文化建设与企业发展的内在统一性,做到从企业发展的阶段性特点和内在要求出发,去推进企业文化建设,既不能过于超前,又不能严重滞后,必须具有一定的前瞻性,同企业的组织结构、产业结构和发展战略的调整保持协调一致。三是遵循文化育人的规律,坚持文化理念推行的系统性和长期性,做到因人因群体不同而采取相应的方法和措施,推进理念普及和文化育人。对于中国企业来说,必须把自主性原则与强制性原则结合起来,把正激励同系统灌输结合起来,积极营造浓厚的文化氛围,提高文化激励人、塑造人、培育人的效能。

二、坚持以人为本、注重市场

坚持以人为本的科学发展观,是中国企业建设和发展有中国特色的先进企业文化必须遵循的基本原则。中国企业的企业文化建设必须把确立正确的以人为本、和谐发展原则作为一个重要任务,充分认清以人为本原则的前提性、历史性和整体性,并指导企业文化建设的具体工作,才能使企业文化建设取得实实在在的效果。

1. 要认清以人为本原则的前提性,把以人为本和以企为家有机统一起来

以人为本原则的价值原则是人的价值高于物的价值,人作为目的的价值高于人作为手段的价值。这一原则是对资本主义社会条件下普遍存在的人的异化状况的一种扬弃,是对物统治人、个体湮没在虚假集体之中状况的一种扬弃。它实现了由人仅仅是企业发展的手段,到成为既是企业发展手段,更是企业发展目的的一种提升,这一提升并没有否定人作为发展手段的价值。倡导以人为本必须同倡导员工是企业发展的动力主体和责任主体相统一,让他们成为企业发展的目的主体和利益主体。

2. 要认清以人为本原则的整体性,把个体利益实现程度与整体利益实现程度有机统一起来

在我国社会主义条件下,"以人为本"原则中的"人"既是一个个体性概念,也是一个整体性概念,"以人为本"不仅是要实现一个人、一个群体的发展,更是要实现全体人民的发展,实现各个群体在发展上的动态平衡;"以人为本",不仅是要实现人的一个方面的发展,更是要实现人的多方面发展,满足人的多方面需求。因而,我们落实"以人为本"原则必须按照整体动态平衡的要求,既要解决个体的特殊问题,又要实现整体性发展。

三、不断强化合同信用管理和提升企业品牌形象

中国企业要深刻地认识到"守合同重信用"是企业发展的根基,加强企业信用建设,塑造企业形象是公司发展的重要目标和抓手。"守合同重信用"是企业树立良好信用形象的基础。中国企业首先从强化良好的信用意识环境入手,建立健全以讲信用为荣、不讲信用为耻的信用道德评价和约束机制,从机制上推动企业自觉形成"守合同重信用"的良好氛围。其次,是强化员工的诚信行为。中国企业的员工,包括企业的高管层,都坚持按照诚信的要求做事,核心是提供诚信产品和服务,对企业的不诚信行为进行坚决的抵制并积极上报,做到不生产销售劣质产品、不污染环境、不提供虚假证明等。中国企业要坚持打造诚信文化,把明礼诚信作为员工的基本行为准则,大力提倡诚信、守信、公平竞争、讲信誉的优良风尚,要求人人争做讲信誉、守信用员工,让个体诚信带来更好的组织诚信。中国企业在企业文化建设中大多已实施了CI(企业形象塑造)战略,这对提升企业自身形象起到了重要的作用。在推进CI战略的同时,应该及时导入CS(顾客满意)战略,使企业的形象塑造提升到一个新的水平。

四、创造和谐的文化氛围

和谐是企业稳健、持续发展的基本保证。许多基业长青的企业都很注重企业内外部环境的和谐。注重外部和谐,就会使企业得到外部环境的保护和支持,使企业成为社会责任的承担者和友好者。保持内部和谐,就会使企业

内部利益相关者感到公正、公平，从而维持合作关系，同心同德致力于企业的发展壮大。创造和谐的文化环境和氛围是落实科学发展观和创建和谐社会的基本要求，是我国企业文化建设的目标之一。

中国企业在今后的企业文化建设中应该把创造良好的文化生态摆在更加突出的位置，以构建"六种和谐关系"，即以"企业与员工、员工与员工、企业与企业、企业与社区（社会）、企业与环境、员工身体与心理之间的和谐关系"为核心，通过积极进行理念创新，确立和宣传体现构建"六种和谐关系"的发展观、合作观、环境观、生活观等价值观念；在合理界定社会责任的基础上，积极塑造企业良好的社会形象；加强心理文化建设，促进员工身心和谐发展等措施和途径，不断优化人际关系，建立良好公共关系，优化企业内外发展环境，促进企业和谐发展。

五、确立经营"文化"的新视角

中国企业开展"经营"文化的工作，具体可从四个方面进行：第一，制定经营"文化"的长远战略，遵循文化发展的内在规律，确定中长期目标，从战略层面对本企业长期积累的文化资产进行经营。第二，可通过打造文化品牌，提升企业文化资产的价值。例如，在相关企业中把长期形成的"大庆精神""铁人精神""两弹一星精神""青藏铁路建设精神"等各具特色的企业精神打造成文化品牌，实现文化资产的保值增值。第三，开发具有企业特色的文化商品，通过具体的文化营销，实现企业文化资产的升值，包括开发体现企业文化个性的纪念章、纪念币、纪念邮票、企业歌曲、电视剧、网络游戏等。第四，培育宣传文化英雄，以此来提升企业文化资产的价值。从经营"文化"的视角看，王进喜、王启民、李黄玺、许振超等不仅是单个企业的劳动模范，更是这个企业的文化英雄，代表着我国国有企业广大员工的精神追求，也体现着一个个企业的个性文化。从经营"文化"的角度，对他们所代表的文化不断进行解读和释义，不断进行培育和传播，就可以使他们所代表的文化不断增值。

六、增强企业全体员工的共同行为能力

企业文化是全员性文化。文化建设的主体、文化践行的主体和文化育人的对象都是全体员工。提高企业全员的文化自觉是企业文化建设的一个目标,而使企业全员文化自觉的程度又决定着企业文化建设的成效。因此,提高企业全员的文化自觉是企业文化建设的一个关键环节。

中国企业今后企业文化建设的一项重点工作应该在提高企业全员的文化自觉程度上下功夫,尤其是要着重在提高企业家的文化领导力和员工的文化执行力上下功夫。一是应探索建立全员创建体系,形成全员建设企业文化的局面。日常工作中,注重设计具有全员性特点的文化创新与培育活动,吸引员工广泛参与。二是应探索建立综合推进企业文化建设的运行机制。三是应探索解决文化与管理融合的渠道,提高文化理念的制度化程度,使文化通过管理和制度发挥作用。四是应探索建立长效培育机制,把文化培训作为获得企业人资格、岗位任职资格等方面培训的重点,贯穿在自我成长过程中。要践行企业的社会责任,企业所承担的社会责任包括:遵纪守法、诚信经营、依法纳税、保护环境、构建企业内外和谐关系、积极参与慈善公益事业等。要以处理劳资冲突和环保问题为主上升到实施企业社会责任战略提升企业国际竞争力。

第二节　企业文化建设的基本原则

一、服从企业战略目标原则

企业的发展战略目标确定后,企业文化建设应该围绕这个目标规划企业远景并以此来凝聚员工朝着这个目标不断奋进。因为企业文化要求在员工中形成密切协作的团队精神需要员工有共同的价值观,需要员工向着目标一步一步付出辛劳和汗水。如果没有对目标的认同即使努力了也可能事倍功半。在激烈的市场竞争中,企业如果没有一个自上而下的统一目标是很难参与市场角逐的,更难于在竞争中求得发展。例如,有的企业实施的是快速扩张型

战略企业文化,则必然是永不言败,敢创新高,反应快速,行动迅速,令行禁止,讲求奉献的强势企业文化。有的公司实施的是保持型的发展战略,还有的企业实施的是紧缩型发展战略,他们的企业文化则必然与之相适应。所以,进行企业文化建设一定要考虑到企业的发展战略类型和目标。

在企业文化建设中坚持目标原则,首先,意味着要科学合理地制定企业文化的发展目标,即明确企业的基本信念和基本哲学。这些基本信念和基本哲学目标不同于企业经营目标,不像经营目标那样具体和可量化、可操作,它只是一种理念性的目标,这种目标一旦确定下来,一般不会轻易改变,它决定着经营管理目标的方向和实施的成效。其次,意味着要采取有效的办法实现既定文化目标。一般来讲,一个企业的创始人或执掌企业帅印时间较长的企业家,往往是企业基本信念和基本哲学的最初倡导者。开始企业成员对此并未产生共识,只有经过企业创始人和企业家的长期灌输、精心培育,并使员工及时得到认同和实践这些目标的反馈,才能使他们的目标行为不断被强化,进而为实现目标而献身于事业之中。

二、注重企业文化共识原则

有些企业之所以在建设过程中失败,最严重的问题在于盲目追求企业文化的形式而忽略了企业文化的内涵。企业文化的内涵最核心的层面应是价值层面,而各种符号、英雄、活动等是最表层企业文化的表现形式。因此,在建设过程中应将企业在创业和发展过程中的基本价值观灌输给全体员工,通过教育整合而形成一套独特的价值体系,将这些价值体系和理念通过各种活动表现出来才形成比较完整的企业文化。如果只有表层的形式而未表现内在价值和理念,这样的企业文化是没有意义的、难以持续的。

所谓"共识",是指共同的价值判断。创造共识是企业文化建设的本质。人是文化的创造者,每个人都有独立的思想和价值判断,都有自己的行为方式,如果在一个企业中,任由每个人按自己的意志和方式行事,企业就可能成为一盘散沙,不能形成整体合力。企业文化不是企业中哪个人的文化,而是全体成员的文化,只有从多样化的群体及个人价值观中抽象出一些基本信念,然后再由企业在全体成员中强化这种信念,进而达成共识,才能使企业产生凝聚力。可以说，优秀的企业文化本身即是"共识"的结果，因此，建设企业文化必须不折不扣地贯彻这一原则。此外，在现代企业中，员工受教育程度越来越高，脑力劳动者在全体劳动者中所占的比例越来越大，人们的主动精神和参与意识也越来越强。只有把握员工的这种心理需求特点，创造更多的使员工参与管理的机会和条件，才能激发人们把实现自我价值与奉献企业结合起来，促使全员共同信念的形成。

三、坚持和谐原则

所谓和谐原则，即坚持企业管理人员和一线员工之间和谐相处，实现关系的一体化。在企业文化建设中，坚持和谐原则能够有效地建立起组织内部人与人之间相互信赖的关系，为实现价值体系的"一体化"创造条件。传统的管理模式人为地把管理人员与一线员工分割开来，企业就像一座金字塔，从上到下实行严格的等级管理。这种管理模式的前提是把管理人员视为管理主体，把一线员工视为管理客体，管理的含义即管理主体如何去控制管理客体按照管理主体的意图和规划目标去行事。依照这种管理思路，为了研究如何管好人，管理学家们曾对企业员工的"人性"做过多种假设，如"经济人""社会人""自我实现人""复杂人"等，以不同的假设为前提，提出若干相应的管理理论与方法，但都未从根本上缓解管理主体和管理客体紧张对立的关系状态，也未能解决管理效率的最大化问题。尤其是在信息社会，随着科技进步、生产自动化和现代化程度越来越高，脑力劳动越来越占主导地位，脑力劳动者和体力劳动者之间、管理者和被管理者之间的界限越来越模糊。坚持和谐原则、建设企业文化，有助于打破管理人员和一线员工之间的人为"文化界限"，使两者融为一体，建立共同的目标和相互支持、相互信赖的关系，组织上的一体化最终促成精神文化上的一体化。

在企业文化建设中，实行和谐原则，最重要的是要弱化等级制度的影响，千方百计赋予一线员工更大的权力与责任，建立内部一体化关系。实践证明，这样做的结果是：一线员工大多数希望负责任，希望接受富有挑战性的工作，希望参加各种竞赛并希望获胜。只有给他们创造了这种条件，他们才能减少不满情绪，主动思考如何把工作做得更好、更出色，由过去纯粹的外部控制和外部激励变成自我控制和自我激励。

四、鼓励追求卓越原则

卓越是一种心理状态，也是一种向上精神。追求卓越是一个优秀的人，也是一个优秀的企业之所以优秀的生命与灵魂。竞争是激发人们卓越精神的最重要的动力，一种竞争的环境，促使一个人或一个企业去努力学习、努力适应环境、努力创造事业上的佳绩。显而易见，坚持卓越原则是企业文化的内在要求，因为无论任何企业在竞争的环境里都不甘于做平庸者，构建文化的目的都是为了创造卓越的精神，营造卓越的氛围。

卓越是人的社会性的反映，人生活在社会中，相互之间比较、竞争，都有追求最佳的愿望，也可以说这是人的本性。但人的这种本性不一定在所有的情况下都能完全释放出来，取决于他所处的环境给予他的压力大小，取决于有没有取得最好、最优的条件。企业文化建设的任务之一就在于创造一种机制、一种氛围，强化每个人追求卓越的内在动力，并把他们引导到一个正确的方向上来。有无强烈的卓越意识和卓越精神，是区别企业文化良莠的标志之一。

贯彻卓越原则首先要善于建立标准，建立反馈和激励机制。当人们知道什么是最好的标准并树立了相应的价值判断时，才能克服平庸和知足常乐的惰性心理，为实现组织倡导的目标而不懈努力；否则，尽管卓越文化的倡导者天天在喊口号，但缺乏对"卓越"应该达到的理想状态进行具体的描述，人们的行为像不知终点的赛跑，因此即使有一定的卓越意识也不会保持长久。当然，反馈与激励也非常重要，反馈时由组织告诉每个人，你在卓越的路上跑到什么地点，与别人的差距有多大；激励时应及时奖励领先者，鞭策后进者，这些都能够增强人们追求卓越的动力。其次，造就英雄人物也是不可缺少的，企业英雄是体现卓越文化的典型代表，这些人物曾经为或正在为实现企业理想目标而拼搏、奉献。他们取得过显著的工作业绩，并且得到企业在物质与精神上的奖赏。在具有这类英雄人物的企业中，人们自觉地受到英雄人物卓越精神的感染，进而效仿英雄人物的行为。

五、注重绩效原则

绩效是一项工作的结果，也是一项新工作的起点。在企业文化建设中坚持绩效原则，不仅要善于根据人们工作绩效大小进行奖励，以鼓励他们以更好的心理状态、更大的努力投入下一轮工作当中，而且目的还在于把人们的着眼点从"过程"转向"结果"，避免形式主义、教条主义。传统的管理与其说重视目标，不如说更重视完成目标的过程，这种管理把主要精力放在过程的标准化和规范化上。不仅告诉组织成员做什么，而且告诉他们"怎么做"，把工作程序和方法看得比什么都重要。这种管理的思维逻辑是只要过程正确，结果就一定正确。"员工在工作中必须严格执行既定的规程、方法，接受自上而下的严密监督与控制，员工的工作个性和创新精神受到压抑。确立绩效原则的最终目的是要改变员工在管理中的被动性，增强其主动性及创造精神。

贯彻绩效原则首先要改变传统管理的思维逻辑，建立起"只要结果正确，过程可以自主"的观念。在管理实践中应用目标管理的体制，坚持以个人为主，自下而上协商制定目标的办法，执行目标过程中以自我控制为主，评价目标也以自我检查、自我评价为主。企业最终以目标执行结果——工作绩效为唯一尺度进行奖惩，并以此作为晋级、提升和调资的依据，从而鼓励人们积极探索、创新，谋求使用最好的方式与方法，走最佳捷径，完成工作任务，提高工作效率。实际上，这一过程既成为员工自我学习、提高的过程，也成为企业促进员工勤学向上和能力开发的过程。其次，要转变管理方式，减少发号施令和外部监督，多为下级完成目标创造条件、提供服务，帮助员工学会自主管理、自我控制、自我激励。

第三节 企业文化建设的步骤和方法

企业文化建设，就是根据企业发展需要和企业文化的内在规律，在对企业现实文化进行分析评价的基础上，设计制定目标企业文化，并有计划、有组织、有步骤地加以实施，进行企业文化要素的维护、强化、变革和更新，不断增强企业文化竞争力的过程。

一、企业文化建设的步骤

（一）企业文化调查

组织行为学的观点认为，企业文化是指企业成员共有的一套意义共享体系，它使组织独具特色，区别于其他组织，这个意义的共享体系实际上是企业所看重的一系列关键特征。调查和分析一个企业的企业文化是比较复杂和困难的，但也是很重要的一个课题。

从企业文化角度认识一个企业，比单纯从财务指标或者年报上更深入、更透彻一些。假设一个外部人空降到一个企业担任高管，除了了解这个企业的财务状况、人员构成之外，最好能尽快准确地把握这个企业的企业文化。企业文化调查便是这样一个工具。

要进行企业文化调查，需经过以下几个步骤。

1. 对企业总体情况进行了解

包括企业的历史情况、人员构成、目前的经营管理状况、人员素质、管理水平、产品竞争力、品牌价值等方面。实际上，这是任何一个空降或是外聘高管都要做的事。

2. 了解这个行业的背景

包括行业的历史与现状、行业竞争力、从业人员文化倾向、相关行业的企业文化特征、市场竞争情况、市场人员精神状态与工作状态、市场前景影响力、市场从业人员对企业整体的认识。

这是从行业的中观层面来认识把握企业的，主要从市场角度切入，这是非常准确的。因为企业是市场竞争的主体，市场是企业的主要生存环境。市场和营销人员最能反映和评价企业的文化优劣。

3. 通过一系列具体调查活动来认识和评判企业文化

包括问卷调查、座谈、个别交流、书面材料研究、高层专访、随机访问、现场观察等方式。这些方式，是真正走入企业进行企业文化调查的具体步骤。

问卷调查，要注意问卷设计、发放范围、操作方法、统计分析。座谈要注意座谈对象、内容设计、过程控制和引导等环节，还要关注一些细节。高层专访也要进行内容设计，提前准备，注意把握关键点。书面材料研究，则主要是从文本内容尤其是企业的历史来了解企业。现场观察是很重要的方式，要重点考察厂房车间布局、产品包装、物料存放、设备设施情况、员工服饰与精神面貌、文字及宣传栏情况、对外人的态度、食堂宿舍。这些方面，基本可以反映一个企业整体的物质风貌和精神风貌。

以上都是从一些方法层面去了解企业的整体文化特征。

（二）企业文化设计

企业文化是一个有机的整体，它包括精神层（即理念层）、制度层、行为层和物质层，它包含了CI体系的全部内容，既有理念系统，又有行为系统和视觉识别系统。理念层的设计要本着以下原则：历史性原则、社会性原则、个异性原则、群体性原则、前瞻性原则和可操作性原则。制度层和物质层设计要本着与理念高度一致的原则、系统完整性原则和可操作性原则。

1. 企业理念层的设计

企业文化设计中最重要的是企业理念体系的设计，它决定了企业文化的整体效果，也是设计的难点所在。理念体系一般来讲包括以下方面：企业愿景（或称企业理想）、企业使命（或称企业宗旨）、核心价值观（或称企业信念）、企业哲学、经营理念、管理模式、企业精神、企业道德、企业作风（或称工作作风）。企业制度层主要是为了贯彻企业的理念，日常管理的每一项制度都是企业理念的具体表现，同时，有必要针对企业理念的特点制定一些独特的管理制度，尤其是在企业文化的导入期十分必要。物质层的设计主要包括标识设计、服装设计、办公用品设计等，核心是企业标识和企业标识的应用设计，这些设计都要为传达企业理念服务。

企业理念是企业的灵魂，是企业持续发展的指南针。企业理念中的各个部分有着内部的逻辑性，设计时需要保持内部的一致性、系统性。企业愿景描述了企业的奋斗目标，回答了企业存在的理由；企业哲学是对企业内部动力和外部环境的哲学思考；核心价值观解释了企业的判断标准，是企业的一种集体表态；企业经营理念回答了企业持续经营的指导思想；企业精神体现了全体员工的精神风貌；企业作风和企业道德是对每一位员工的无形约束，所有内容相辅相成，构成一个完整的理念体系。

2. 企业制度层的设计

企业制度层的设计主要包括企业制度设计、企业风俗设计、员工行为规范设计，这些设计都要充分传达企业的理念。

企业制度指工作制度、责任制度、特殊制度。这些制度既是企业有序运行的基础，也是塑造企业形象的关键。所谓特殊制度，是指企业不同于其他企业的独特制度，它是企业管理风格的体现，比如，"五必访"制度，在员工结婚、生子、生病、退休、死亡时访问员工。

员工行为规范主要包括：仪表仪容、待人接物、岗位纪律、工作程序、素质修养等方面。好的行为规范应该具备简洁、易记、可操作、有针对性等特点。隶属于企业文化制度层的，还包括与企业文化有关的其他活动，这主要有以下六类。

一是运营类活动。企业的运营类活动主要是服务于生产经营的，但有些活动也和企业文化有关，比较典型的有 ISO 认证、质量圈活动、安全生产活动等。这些活动可以强化员工的质量意识、安全意识，其主题本身同时也是企业的文化理念。

二是文化艺术活动。这类活动常见的形式有歌咏、联欢、书画、摄影和演出等，这些是企业经常开展的一类活动，但和企业文化的关系比较弱，其娱乐性的功能价值大于企业文化传播价值。企业要发挥其文化传播功能，就需要根据企业文化的要求设计活动主题，并选择与主题一致的活动形式和内容。

三是专业性活动。这类活动是和员工的技能提升有关的，典型的形式有岗位练兵、技术比武和技能大赛等。和运营类活动相似，这类活动的主要目的虽然不在于企业文化，但也可传播文化理念，如专业、竞争、追求卓越和个人发展等。

四是政治性活动。政治性活动是国有企业特有的，其他性质的企业很少见到，其主要形式是党员的学习教育，这类活动对追求卓越、团队、奉献、廉洁等文化理念有传播作用。

五是体育活动。这也是企业开展比较多的活动,如篮球、足球、乒乓球、拔河、跳绳、登山等都是企业员工喜闻乐见的体育项目。开展体育活动的主要形式包括组建俱乐部、举办比赛、召开运动会等,这类活动可以强化团队、竞争、争创一流等文化理念。

六是公益性活动。这类活动所体现的主要是企业对社会责任的重视,有的企业也通过公益性活动宣扬关心、友爱、平等等思想,主要形式包括捐款捐物、义务劳动、支教、志愿活动等。

3. 企业物质层的设计

这主要是指企业标识、名称以及其应用的各类象征物。企业的名称和标志如同人的名字一样,是企业的代码,设计时要格外慎重。清华同方的名称来源于《诗经》的"有志者同方",简明易记。企业标识则是企业理念、企业精神的载体,企业可以通过企业标识来传播企业理念,公众也可以通过标识来加深企业印象。同时,企业标识出现的次数和频度,直接影响社会公众对该企业的认知和接受程度,一个熟悉的标识可以刺激消费欲望。如果把企业理念看成企业的"神",那么企业标识就是企业的"形",它是直接面对客户的企业缩影,因此,在设计和使用上要特别关注。

(三)企业文化实施

企业文化实施阶段,实际上也是企业的一次变革,通过这种变革,把企业优良的传统发扬光大,同时,纠正一些企业存在的问题。最早提出有关组织变革过程理论的是勒温(Lewiti),该模型提出组织变革三部曲:解冻—变革—再冻结,可以说这一模型也反映了企业文化变革的基本规律。一般来讲,企业文化的变革与实施需要有导入阶段、变革阶段、制度化阶段、评估总结阶段。

导入阶段就是勒温模型的解冻期,这一阶段的主要任务是从思想上、组织上、氛围上做好企业文化变革的充分准备。在此阶段内,要建立强有力的领导体制、高效的执行机制、全方位的传播机制等几方面的工作,让企业内部所有人认识到企业文化变革的到来。为了更好地完成这一阶段的工作,可以建立领导小组来落实,设立企业文化建设专项基金来开展工作,在人力、物力上给予支持。

变革阶段是企业文化建设工作的关键，在这个阶段内，要全面开展企业文化理念层、制度层、物质层的建设，即进行由上而下的观念更新，建立、健全企业的一般制度和特殊制度。形成企业风俗，做好企业物质层的设计与应用。这一阶段可谓是一个完整的企业形象塑造工程，中心任务是价值观的形成和行为规范的落实，至少要花一年的时间。

制度化阶段是企业文化变革的巩固阶段，该阶段的主要工作是总结企业文化建设过程中的经验和教训，将成熟的做法通过制度加以固化，建立起完整的企业文化体系。在这一阶段，企业文化变革将逐渐从突击性工作转变成企业的日常工作，领导小组的工作也将从宣传推动转变成组织监控。这一阶段的主要任务是建立完善的企业文化制度，其中应包括企业文化考核制度、企业文化先进单位和个人表彰制度、企业文化传播制度、企业文化建设预算制度等。这一阶段常见的问题是新文化立足未稳、旧习惯卷土重来，尤其对于过去有过辉煌的企业，往往会坚持旧习惯，这一点要求管理者做好足够的思想准备。

评估总结阶段是企业文化建设阶段性的总结，在企业基本完成企业文化建设的主要工作之后，总结评估以前的工作，对今后的企业文化建设具有十分重要的作用。评估工作主要围绕我们事先制定的企业文化变革方案，检查我们的变革是否达到预期的效果，是否有助于企业绩效的改善和提高。总结工作还包括对企业文化建设的反思，主要针对内外环境的变化，检查原有假设体系是否成立，具体的工作方法主要是现场考察、研讨会、座谈会等。

二、企业文化建设的基本方法

企业文化建设是一项系统工程，其方法多种多样，因企业而异。企业要善于根据自身的特点，具体问题具体分析，结合实际，综合运用各种方法，有效地建设本企业的文化。下面介绍几种基本方法，供企业选择时参考。

（一）文化培训法

培训是企业文化建设最常用的方法之一，企业不仅可以通过专门的企业文化培训促进企业文化落地，更要在数量更大的其他培训中融入企业文化。企业结合员工的岗位、性质、特点和需要，进行企业文化培训，可以使员工在文化素质和专业技能得到提高的同时，对企业的历史、沿革、传统、信条、宗旨和价值观念、行为规则等有一定的了解和掌握，为企业文化建设与发展奠定基础。运用文化培训法要注意从以下几个方面入手。

1. 培训政策与企业文化

企业培训政策规定了培训预算、培训时间和培训资助方式等，其具体内容能反映企业的文化理念。如果培训经费投入多、人均培训时数多、对员工自行参加的培训资助力度大，则说明企业重视人力资源开发，这是"以人为本"的体现。

2. 培训课程与企业文化

所有的培训课程都应和企业文化有关，企业需要明确每一门培训课程与企业文化的具体关联，以在培训项目中宣传、讨论企业文化。例如，领导力培训和所有的文化理念都有关；拓展训练可以强化团队精神、竞争观念；销售、服务技能的培训和人本观念、顾客观念有关；安全、质量方面的培训除了其固有的主题外，也和人本观念、顾客观念有关。事实上，企业开展的任何一门培训课程在传递一种或几种关系最直接的文化理念的同时，也可以宣传其他的理念，即使那些纯技术性的培训，也可以通过分析"为什么要掌握和运用这些技术"而建立起技术和文化之间的联系。很多优秀企业都通过课程设计将企业文化的核心理念渗透到所有的培训项目中。

3. 培训师资与企业文化

企业的培训师资有外请和内部两个群体。与外请师资相比，内部师资有很多优势，其中之一就是他们熟悉企业的历史和现状，对企业文化有深刻体会。这使得他们在培训过程中能更主动、准确地传播企业文化，培训效果也更好。因此，企业有必要制定内部师资选拔和任用办法，用以选拔合适的人员充实到内部师资队伍，并对入选师资队伍的人员提供系统的培训。除培训方法、沟通技巧这样的技能型课程外，企业也要对他们进行专门的企业文化培训，帮助他们把企业文化融入自己的课程。

4. 培训合作伙伴与企业文化

任何企业都不可能自行完成所有培训，部分培训项目需要交由专业机构完成。企业在选择培训的合作伙伴时，不仅要考察对方的专业水平，而且要考察其企业文化，包括合作机构的文化和培训师个人的特点。如果对方的企业文化或个人特征和本企业的文化有明显冲突，一定要另选其他机构和培训师。

（二）宣传教育法

宣传教育法是建设企业文化的基本方法。企业只有通过完整系统的、长期的、多形式、多层次、多渠道的宣传教育，形成强烈的企业文化氛围，才能把企业文化转化为员工的自觉意识，成为企业和员工行为的指南。

进行企业文化的宣传教育，是企业文化实践工作的第一步，目的在于在企业中形成一个浓烈的舆论气氛，让员工在耳濡目染、潜移默化中接受企业倡导的价值观，并指导自己的行为。宣传的方式和手段有以下几种：①进行厂史教育。向新员工介绍企业的优良传统、道德风尚和价值准则，了解企业的发展历史，增强员工对企业的荣誉感、自豪感和责任感。②编辑出版物。编辑出版企业文化简讯、刊物、纪念册等，将企业文化内容体系向员工灌输，向社会传播。③厂办学校传播企业文化。大型企业可以办企业员工大学或员工学校，大张旗鼓地宣传企业的特点、风格和企业精神，激发员工的工作热情。④会议宣传企业文化。通过各种会议对员工宣传企业文化，如举办读书会、演讲会、茶话会、对话等形式，沟通企业内部经营管理信息，增进员工了解，使员工理解企业的政策与行为，参与企业事务。⑤开展各项活动。如在企业内部召开多层次的企业文化研讨会、开展丰富多彩的文娱体育活动、企业精神训练活动等，寓企业文化教育于丰富多彩、生动活泼的业余文化体育活动之中，使员工在参与这些活动的过程中陶冶情操，提高文化修养。⑥加强一般员工间的互相影响。由于企业里数量最多的是一般员工，和一个人关系最密切、共处时间最长的人也是他们的同事。因此，员工间的互相影响对企业文化落地的影响不可小视。企业可以采用的具体做法有以下五种：一是邀请在践行企业价值观方面表现突出的员工担任新员工的指导人，对他们的指导工作提出具体要求并提供方法、技巧和资料方面的支持；二是发掘普通员工在践行企业价值观方面的典型事例，及时予以宣传表彰；三是在对企业文化落地的效果开展评估时按部门、团队进行统计，对有问题的团队及时采取加强培训、调整人员等对策；四是对员工践行企业价值观提出明确要求，督促员工经常检讨自身行为，并不断改进；五是了解员工中非正式群体的动向，对那些和企业目标一致的非正式群体给予支持，对那些和企业目标不一致的非正式群体加以疏导。

（三）典型示范法

典型示范法，就是通过树立典型、宣传典型人物来塑造企业文化。所谓典型人物，是指企业员工中最有成效地实践企业文化的优秀分子。所树立的典型，既可以是企业的领导人，也可以是企业的普通员工，而且普通员工典型往往更具影响力。典型人物就是企业价值观的化身，树立他们的正面形象，就是给广大员工提供值得效法和学习的榜样。看一个企业推崇什么、赞赏什么，从它所树立的典型人物的行为中即可判断出来。典型人物在其事迹中表现出来的精神、意识，正是企业文化倡导的内容。

利用正面树立典型和英雄模范人物，把企业倡导的价值观具体化、形象化，是我国企业文化建设的成功经验。企业运用典型示范法塑造企业文化关键在于典型人物的造就。一般来说，企业典型人物是在企业经营管理实践中逐步成长起来的，但最后作为楷模出现，需要企业组织认定、总结、倡导和宣传。典型人物是本身良好的素质条件、优异的业绩条件与企业"天时、地利、人和"的客观环境形成的催化力共同作用的结果。因此，企业在造就典型人物时，一要善于发现典型人物。即善于发现那些价值取向和信仰主流是进步的、与企业倡导的价值观相一致的，具备楷模特征的优秀员工。二要注意培养典型人物。即对发现的典型人物进行培养、教育和思想意识的理论升华，并放到实践中锻炼成长。三要肯定宣传典型人物。即对在实践中锻炼成长起来的有优异业绩、有广泛群众基础的典型人物以一定的形式加以肯定，总结其先进事迹，并积极开展宣传活动，进行广泛的宣传，提高其知名度和感染力，最终为企业绝大多数员工所认同，发挥其应有的楷模作用。四要保护典型人物。即制定鼓励先进、保护典型人物的规章制度，伸张正义，消除企业内部对先进人物嫉妒、讽刺、挖苦、打击等不良倾向。需要指出的是，对企业典型人物进行宣传必须实事求是，不要人为地进行拔高，给先进人物罩上一层神秘的光环，使一些先进人物变得不可信。在宣传和发挥典型人物的作用时，应给予典型人物必要的关心和爱护，为他们的健康成长创造良好的环境和条件。

（四）环境优化法

环境与人是密切相连的，人能造就环境，环境也能改造人。按照行为科学和心理学重点，优化企业的向心环境、顺心环境、荣誉感环境，是企业文化建设的重要方法。现代心理学认为，共同的生活群体能产生一种共同的心理追求，这种心理追求一旦上升为理论并被群体成员所公认，就会产生为之奋斗的精神。这种精神就是人们赖以生存与发展的动力。一个企业也是这样，也需要有一个蓬勃向上的指导企业整体行为的精神，从而把员工的生活理想、职业理想、道德理想都纳入企业，甚至社会的共同理想的轨道上来。这种能使企业员工产生使命感、并为之奋斗的精神状态，称为"向心环境"。理想的价值观念也只有在这种向心环境中升华，才能使企业产生向心力和凝聚力。

1. 建设向心环境

这需要在共同理想的目标原则下，根据本企业的发展历史、经营特色、优良传统、精神风貌，去概括、提炼和确定企业的精神目标，再把精神目标具体融化在企业管理之中，使企业经营管理与思想政治工作融为一体，变成可操作性的东西，使员工产生认同感，唤起使命感。例如，一些人认为，发展市场经济和为人民服务是对立的，根本无法结合，但许多经营成功的企业都从实践上回答了这个问题，即市场经济与为人民服务可以融为一体。如商贸企业能给顾客以真情实意，处处为顾客着想，这种思想和行为就是市场经济条件下为人民服务的生动体现。任何一个企业，越能为顾客着想，越关心和尊重顾客，越满腔热情地为顾客服务，就越能得到顾客的信赖，从而企业的经济效益也就越高，员工的物质利益也就越能得到保障，企业的向心力和凝聚力就越强。因此，造就团结奋斗的向心环境，就能使员工的理想在向心环境中得以升华，成为力量的源泉、精神的支柱。

2. 创造顺心环境

创造顺心环境的目的是开发动力资源。人的才智和创造力是一种无形的、内在的动力资源，在环境不符合的条件下，一般常以潜在的形态存在，只有在心情处于最佳状态时，才能焕发出充沛的精神活力，所以企业文化建设成效，往往来自一个团结、和谐、融合、亲切的顺心环境。企业顺心环境的建设，非常重要的环节是企业在管理工作过程中，要善于"动之以情，晓之以理，导之以行"。不仅要关心员工对衣、食、住、行等基本层次的需要，更重要的是注意引导员工对高层次精神方面的需要。经常从生活上关心员工，体察员工的疾苦，解决员工的困难，营造企业大家庭的文化氛围，增强企业大家庭的温暖等。只要企业领导者和管理者身体力行，员工当家作主和谐融洽、团结宽松的顺心环境一旦形成，员工的工作就会充满意义，生活充满乐趣，就会为振兴企业释放出内在的光和热。

3. 营造荣誉感环境

通过营造荣誉感环境，激励高效行为。行为科学认为，人的行为分为低效行为和高效行为。荣誉感环境是消除低效行为、激励高效行为的重要因素。精明的企业领导者，总是在创造一个以多做工作为荣、以奉献为荣、以整体得奖为荣的心理环境上下功夫，以降低和消除人们的低效思想行为，保持群体蓬勃向上的精神活力。

企业要创造良好的荣誉感环境，首先要有荣誉感意识，通过各种途径培养员工对企业的归属感和荣誉感。首先，要树立"厂兴我荣，厂衰我耻"的荣誉感和为企业争光的主人翁责任感。其次，要注意宣传企业的优秀传统、取得的成就和对社会的贡献，不断提高企业的知名度和美誉度，塑造企业良好的社会形象。再次，要尊重员工的劳动，及时而充分地肯定和赞扬企业员工的工作成绩，并给予相应的荣誉和奖励，使员工感到企业能理解、关心他们。最后，要勇于打破企业内部所存在的消极平衡的心理状态，使员工学有榜样，赶有目标，不断强化他们的集体意识和进取意识，造成争先恐后、比学赶超、开拓进取、奋发向上的良好局面。

（五）全面激励法

所谓激励，就是通过科学的方法激发人的内在潜力，开发人的能力，充分发挥人的积极性和创造性，使每个人都切实感到力有所用，才有所展，劳有所得，功有所奖，自觉地努力工作。激励法既是有效管理企业的基本方法之一，也是企业文化建设的有效方法。建设企业文化的激励法很多，视情况而定，下面介绍几种最常用的激励法。

1. 强化激励

所谓强化激励，就是对人们的某种行为给予肯定和奖励，使这个行为巩固，或者对某种行为给予否定和惩罚，使它减弱、消退。这种工作过程称为强化，前者称为正强化，后者称为负强化。正强化的方法主要是表扬和奖励。表扬就是表彰好人好事、好思想、好经验；奖励可分为物质奖励和精神奖励，两者必须配合得当，有机结合。负强化的主要方法是批评和惩罚，批评的主要方法有直接批评、间接批评、暗示批评、对比批评、强制批评、商讨批评、分阶段批评、迂回批评等。惩罚的主要方法有行政处分、经济制裁、法律惩办等。

2. 支持激励

支持下级的工作，是对下级做好工作的一个激励。支持激励包括尊重下级，尊重下级的人格、尊严、首创精神、进取心、独到见解、积极性和创造性；信任下级，放手让下级工作，为下级创造一定的条件，使其胜任工作；支持下级克服困难，为其排忧解难；增加下级的安全感和信任感，主动为下级承担领导责任等。

3. 关心激励

企业的领导者和管理者通过对员工生活上和政治上的关怀，使他感到企业大家庭的温暖，以增强主人翁责任感。

4. 情趣激励

有情方能吸引人、打动人、教育人，也就是说，只有激发人的同情心、敬仰心、爱慕心，才能产生巨大的精神力量，并影响人们的行为。实践证明，许多效果显著的讲话、谈心，都离不开流露于言语中的激励，同时还要注意有情与有趣的结合，员工除了紧张工作外，还有更广泛的兴趣。因此，企业应采取多种措施，开展丰富多彩的活动，培养和满足员工的乐趣与爱好，从而激发其工作热情。

5. 榜样激励

榜样的力量是无穷的。它是一面旗帜，具有生动性和鲜明性，说服力最强，容易在感情上产生共鸣。有了榜样，可使企业学有方向，干有目标，所以榜样也是一种有效的激励方法。

6. 集体荣誉激励

先进集体的成员会有一种荣誉感、自豪感、光荣感和信任感。每个成员都要为维护集体的名誉负责，在维护集体名誉中焕发出极大的工作热情和干劲。

7. 数据激励

用数据表示成绩和贡献最有可比性和说服力，也最能激励人们的进取心。如球赛时公布的比分能激励队员去取胜，各种统计报表的数据能激励人们比、学、赶、帮、超。运用数据激励的主要方法有：逐月公布企业内部各部门、各班组，甚至是员工的各项生产经营指标；公布员工政治、技术、文化考核的成绩，激励员工努力学习科学技术和掌握业务技能；设立立功本、光荣册，公布各种劳动竞赛成绩，激励员工争当先进。

8. 领导行为激励

优秀的领导行为能激励群众的信心和力量，因此企业领导人应通过自己的模范行为和良好的素养去激励员工的积极性。

当然，建设企业文化的激励方法还有很多，企业应根据实际情况和本身特点，合理选择，综合运用，以求速效。

第四节 企业文化建设的保证体系

企业文化建设的保证体系是指企业以保持和发展优良企业文化为目标，运用系统观点，坚持以人为中心，优化企业内外环境，构建强化与固化企业文化的有效机制。企业文化不仅需要构塑成型，更需要巩固和发扬，使其转化为物质力量，转化为凝聚力和现实生产力。因此，建设一种积极、健康、向上的企业文化，必须从物质、制度、礼仪等方面采取相应的保证措施，以便巩固它、强化它，使优良的企业文化渗透到全体员工的心里，融合到企业的经营管理中。

一、企业文化的物质保证

企业文化的物质保证是基础保证,它是指通过改善企业的物质基础和生活条件,扩大生产经营成果,完善企业的文化设施,来物化企业的价值观,以增强企业的凝聚力和员工的归属感。这是企业文化保证体系中的"硬件"。为了把企业文化建设落到实处,企业必须建设好生产环境工程、福利环境工程和文化环境工程。

企业生产经营的物质条件(如厂房、设施、机器设备等)和物质产品既是企业文化赖以形成和发展的基础与土壤,也是企业精神文化的物质体现和外在表现。建设企业生产环境工程,就是要逐步改善企业生产经营的物质条件,生产出最优秀的产品。企业文化的发展水平同生产环境工程建设的优劣成正比。建设企业生产环境工程的重点是推进技术创新与技术改造,提高产品质量和品牌影响力,加强现场管理,创造一个文明、清洁的生产环境,搞好厂区的绿化、美化,美化生产的外部环境,使员工心情舒畅,给公众以特有的感觉。

企业福利环境工程建设是企业为满足员工的基本生产生活需要而进行的非生产性投资建设。建设企业福利环境工程,就是要逐步改善企业的生产和生活条件,为员工的生产和工作提供一个安全稳定、丰富多彩的生活环境,满足员工物质文化生活的需要。企业福利环境工程建设得好,使员工亲身感受到企业有靠头、有盼头、有奔头,才能强化员工的归属感,激发广大员工的工作热情。建设企业福利环境工程的重点是完善企业的工资制度和奖励机制,完善必要的生活设施,加强劳动保护措施,改善作业环境。

福利环境工程建设主要指企业的各种文化设施、标识等方面的建设,它们是企业文化建设的物质载体和外在标志。福利环境工程建设的重点是建设和完善教育、科技、文艺、新闻、体育、图书资料等方面的文化设施,把抽象的文化信条、警句"装饰"在环境中,使人们耳濡目染,以满足员工的精神文化需求。

二、企业文化的制度保证

制度是企业文化理念的重要载体。制度保证在企业文化建设初期是关键性保证措施。企业文化的制度保证是指通过建立和完善企业的组织制度、管理制度、责任制度、民主制度等，使企业所倡导的价值观念和行为方式规范化、制度化，使员工的行为更趋合理化、科学化，从而保证企业文化的形成和巩固。企业文化的建设在各个方面，如企业目标的实现、企业价值观的形成、企业精神的发扬、企业风尚的保持等，都离不开企业文化的制度保证。企业文化的制度保证包括以下方面：一是企业治理结构及管理组织结构建设。这是企业文化建设的组织保证，要依据我国的《公司法》要求，建立企业治理结构，设置有效的管理组织结构，重视非正式组织的建设，弥补企业正式组织的不足，为各层次的员工发挥聪明才智提供广阔的天地。二是企业生产技术和管理制度建设。建立企业生产技术和管理制度既是生产经营的秩序和工作质量与效率的保证措施，也是企业文化建设的重要保证措施，尤其是在文化较弱，即文化未成为引导员工行为的主导力量时，这些制度是载体，对文化起着强化作用。三是企业岗位责任制度建设。企业的岗位责任制度是以工作岗位为核心建立的责任制度，它具体规定了每个岗位的职责和权限，是一项基础性制度。企业只有建立、健全岗位责任制度，才能使其他各项生产技术、管理制度更好地贯彻执行，充分调动员工的积极性，保证企业各项工作任务的完成，使企业所倡导的价值观得以体现和贯彻。岗位责任制包括生产工人岗位责任制、专业技术人员和管理人员岗位责任制、领导人员岗位责任制等，各级各类人员的岗位责任制都可以通过制定规范的"任务说明书"的办法加以落实。四是企业民主制度建设。优秀的企业文化必然是"以人为中心"的文化，如果不重视员工的民主权利及民主制度建设，企业文化建设就缺乏内在驱动力。企业民主制度建设可以采用召开职工代表大会、董事会、监视会等吸收员工参加管理，加强各类民主小组的建设，提合理化建议，民主评议领导干部，让员工在本岗位上自主管理并发挥创造性等形式展开。

三、企业文化的教育保证

企业文化的教育保证是指通过各种培训手段，提高员工的素质（包括政治素质、道德修养、文化水平和业务技术水平等）。启发员工的觉悟，开发员工的潜能，使之能够成为承载和建设企业文化的主力军。员工的素质与企业文化的层次成正相关，很难想象，在一个整体素质极其低下的员工群体中能够孕育或承载高品位的企业文化。因此，发展企业文化必须有良好的教育保证体系，要始终把搞好员工培训、提高员工素质作为企业的一项战略任务来抓。

实施企业文化培训，为企业文化建设提供教育保证要注意以下几个问题。

1. 企业文化培训要突出个性

企业文化对于任何企业而言都是个性的，放之四海而皆准的企业文化是没有个性的企业文化，即使落实到实际中去，也变成了"形而上学"的模式。建设企业文化不能模仿，企业文化必须分析整合不同的价值观念，精心提炼出最适合本企业发展、最有价值的精神。在进行企业文化培训时，也需要形成个性，要针对不同层级和职能的人，设计不同的培训内容。从企业的层级来看，高层需要了解企业文化的本质、与传统文化的关系、与战略和核心竞争力的关系、如何实施文化变革等内容；中层的侧重点在于如何在领导下属、实施考核、团队建设中体现企业文化，即企业文化与管理技能的结合，没有优秀的领导技能就无法传扬企业的文化；而基层人员则更需要理解本企业的企业文化理念，以及如何在工作中体现出企业文化；新进人员需要认识企业的历史和文化、先进人物事迹、行为规范等。从企业的职能来看，不同部门对企业文化的需求也不一样，人力资源部门需要了解企业文化与招聘、培训、考核、薪酬、激励、奖惩、任免等工作的有机结合；生产部门需要了解企业文化如何体现在工艺设计、质量控制、流程改造、操作规范等环节；财务部门则需要了解企业文化在投融资、预决算管理、成本控制等方面的应用；营销部门需要了解企业文化与品牌建设、促销推广、广告公关等内容的关系；其他部门的文化培训也应该有不同的侧重点。由此可见，如果没有针对性，实行"大锅饭"式的企业文化培训，往往没有效果。

2. 企业文化培训要强化组织保证

企业文化培训是一项系统工程，必须加强管理，建立、健全责任机制和激励机制，形成系统全面的组织保证体系。在企业文化中，管理者是企业利益的代表者，是下属发展的培养者，是新观念的开拓者，是规则执行的督导者。在企业文化培训中，企业管理者起着决定性作用，搞好企业文化培训，关键在于管理者特别是各部门的一把手。如果没有管理者的以身作则，要想培育和巩固优秀的企业文化是相当困难的。这就要求企业文化的培训首先要提高企业各级管理者的素质，充分发挥其在企业文化建设中的骨干带头作用，管理者的政治素质、精神状态以及对企业文化建设的认知程度直接影响着企业文化培训的作用和力度，只有把企业管理者的示范作用、主导作用和战略思考同广大普通员工参与的基础作用、主体作用、扎实工作有机地结合起来，才能使企业文化真正融入企业中。同时，要建立、健全系统全面的企业文化管理机制，制定企业文化培训责任制，把企业文化培训纳入各级管理者的责任考核之中，作为对管理者奖惩的重要依据之一，各部门明确各自的职责范围，逐步形成企业内部全员参与的企业文化格局。只有企业的各级管理者对企业文化建设真正给予了高度的重视，企业文化培训的组织力度才可以得到加强，培训才能扎实有效地向纵深化方向发展。

3. 企业文化培训要形成体系

企业文化培训的目的是要让员工提高综合素质，促进企业的可持续发展。要使企业文化培训能长期持续地发挥作用，就必须建立一个符合企业实际的企业文化培训体系。建立一套完整的适应自身企业文化培训体系的基本步骤是：第一，要对本企业现状进行系统的调查研究，把握住企业文化建设的重点；第二，拟出企业文化建设的构想，组织专家论证；第三，确定企业文化的基本要素和员工讨论，而后依据岗位不同分解为相应的要点，从而建立完整的企业文化培训体系；第四，广泛宣传，形成舆论，使企业文化培训体系渗透到每一位员工的头脑里；第五，编制规划，分步实施，实现管理的整体优化。

4. 企业文化培训要经久创新

企业文化具有稳定性的一面，更重要的是与时俱进，随着时代的进步而不断丰富和发展。要加大企业文化培训力度，以培训创新推动企业文化创新。一要在培训制度上创新。努力建立起培训、考核、使用、待遇一体化的员工培训管理制度，充分调动员工学习的积极性和主动性，转变员工学习的观念，由"要我学"变成"我要学"，大力营造全员学习的企业文化氛围，力求将企业文化培训形成一整套基本制度体系进行长期的认真贯彻执行。唯有通过培训制度的认真贯彻执行，方能提高企业员工的思想观念、技术水平和综合素质，从而实现优化企业员工队伍结构、提高企业人员整体素质、建立领先同行业的品牌企业文化竞争力的目的。二要在培训内容上创新。要从以知识更新型培训为主，向以智能增强型培训为主转变，按照文化前移、技能复合、素质全面的要求，培养员工的学习能力、实践能力、创新能力、跨文化交流能力等关键能力，不仅要让员工掌握具体的技术、技能、技巧，更要突出创造性开发、创造性思维能力的培养。如今要发展日新月异的文化，创新企业理念，我们应及时吸收文化发展中的先进因子和企业管理思想。同时，要结合员工的职业生涯管理开展培训，帮助员工实现个人价值。员工个人价值得到了提升，又会促进企业的发展，从而提高企业的竞争力。三要在培训形式上创新。企业文化培训中应该尽量减少单纯的课堂讲授，特别是纯理论的讲授，应该加大互动的比例，课程的内容也要以实际操作和案例为主，要变灌输为引导，加强双向交流。要以多种形式开展企业文化培训，如专家辅导讲授、针对企业文化的内容展开讨论与交流、开展定期企业文化例会等。随着计算机技术和网络技术的飞速发展，要充分借助网络开展培训，不断优化整合培训资源，创新培训载体。通过网上培训，使培训在时间和空间上得到延伸，增强企业文化培训的效果。

四、企业文化的礼仪保证

企业文化礼仪是指企业在长期的文化活动中所形成的交往行为模式、交往规范性礼节和固定的典礼仪式，礼仪是文化的展示形式，更是重要的固化形式。正像军队礼仪、宗教礼仪对军人和教徒的约束一样，企业文化礼仪规定了在特定文化场合企业成员所必须遵守的行为规范、语言规范、着装规范，若有失礼节，便被视为"无教养"行为。企业文化礼仪根据不同的文化活动内容，具体规定了活动的规格、规模、场合、程序和气氛。这种礼仪往往有固定的周期性，不同企业的礼仪体现了不同企业文化的个性及传统。

企业文化礼仪在企业文化建设中的保证作用主要表现在：其一，使企业理性上的价值观转化为对其成员行为的约束力量。文化礼仪是价值观的具体外显形式，通过规范文化礼仪，实际上也就使人们潜移默化地接受和认同了企业价值观，文化礼仪客观上成为指导企业各项活动的行为准则。其二，企业文化礼仪是文化传播最现实的形式。通过文化礼仪，使难解难悟的价值体系、管理哲学等显得通俗易懂，易于理解和接受；同时，由于大多数企业文化礼仪生动、活跃，具有趣味性，其中所包含的文化特质更易于在企业全体成员之间进行广泛传播。其三，企业文化礼仪是企业成员的情感体验和人格体验的最佳形式。在企业各类文化礼仪中，每个企业成员都具有一定角色，他们能够身临其境，受到礼仪活动现场气氛的感染，经历情感体验，产生新的态度。

企业文化礼仪不是企业文化活动中的静态构成，而是在实践中不断补充、丰富和创新的。具有优良传统的企业，其文化礼仪也是丰富多彩的。

1. 工作惯例礼仪

是指与企业生产经营、行政管理活动相关的带有常规性的工作礼仪。其特点：一是气氛庄严、热烈；二是直观性强，直接体现所进行文化活动的价值和意义；三是与常规工作直接相关，成为工作禁忌和工作惯例；四是有规范性和激励性，直接规范人们的工作行为，强化人们的工作动机。工作惯例礼仪一般包括早训（朝会）、升旗仪式、总结会、表彰会、庆功会、拜师会、攻关誓师会等。

2. 生活惯例礼仪

是指与员工个人及群体生活方式、习惯直接相关的礼仪。举行这类礼仪的目的是增进友谊、培养感情、协调人际关系。其特点：一是气氛轻松、自然、和谐；二是具有民俗性、自发性和随意性；三是具有禁忌性，避免矛盾和冲突，抑制不良情绪，禁止不愉快的话题，要求人们友好和睦相处；四是具有强烈的社会性，有些礼仪直接由社会移植而来，又常常是由非正式组织推行，并在企业中广泛传播。生活惯例礼仪一般包括联谊会、欢迎会、欢送会、运动会、庆婚会、祝寿会、文艺会演及团拜活动等。

3. 纪念性礼仪

是指对企业具有重要意义的纪念活动中的礼仪。举行这类礼仪的目的是使员工产生强烈的自豪感、归属感，增强自我约束力。其特点：一是突出宣传纪念活动的价值；二是烘托节日欢快气氛；三是强化统一标志，着统一服装，挂企业徽记，举行升旗仪式，唱企业歌曲等。纪念性礼仪主要指厂庆、店庆及其他具有纪念意义的活动。企业庆典活动不宜频繁，按照中国传统，**逢五**、**逢十**、**逢百**的纪念日要庆祝。

4. 服务性礼仪

是指在营销服务中接待顾客的礼仪。规定这类礼仪的目的主要是提高企业服务质量和服务品位，满足顾客的精神需要。其特点：一是具有规范性，执行不能走样；二是具有展示性，即对外展示企业良好的精神风采，有特色的服务礼仪能够成为企业文化的一道亮丽的风景线；三是直接反映企业营销活动的内容和特点，礼仪执行好坏直接或间接影响企业的声誉和效益。服务性礼仪主要有企业营业场所开门关门礼仪、主题营销礼仪、接待顾客的程序规范和语言规范、企业上门服务的礼仪规范等。

5. 交往性礼仪

是指企业员工与社会公众联系、交际过程中的礼仪。中国是礼仪之邦，企业在对外交往中应在遵循国际惯例的基础上，特别注意发扬优良传统。规定这类礼仪的目的主要是对内创造文明、庄重的工作氛围，对外树立企业良好的形象。其特点是既有通用性，又有独创性。通用性是指企业要遵循世界上各国各民族通用的交际礼仪，不遵守这些礼仪会被交往对象看不起，遭到轻视；独创性是指企业自身在与公众交往实践中创造的交往礼仪，这类礼仪往往有特殊的场景和程序，带有鲜明的企业个性和文化魅力，交往对象置身于这种礼仪之中，感受到友情、友爱，有强烈的被尊重感。交往性礼仪包括接待礼仪、出访礼仪、会见礼仪、谈判礼仪、宴请礼仪以及馈赠礼物、打电话、写信、发邮件礼仪等。

企业在创立具有自身特色的上述企业文化礼仪体系时，应赋予各种礼仪以文化灵魂，将企业倡导的价值观渗透其中；重视弘扬企业的优良传统，使用具有价值的文化活动素材,继承企业的传统习惯和做法;认真组织、精心设计企业文化礼仪的场景,善于制造良好的气氛,使员工通过参加礼仪受到感染和教育;积极吸收员工参与创造礼仪,增强礼仪的生命力。只有这样,才能有效地发挥企业文化礼仪在建设、强化、传播企业文化中的积极作用,避免浮于表层,流于形式。

第五章 施工企业思想政治工作与文化建设的概述

坚持党的领导、加强党的建设,是我国国有企业的光荣传统,是国有企业的"根"和"魂",思想政治工作是国有企业的特色和优势,国有企业的发展壮大离不开思想政治工作的有力保障。习近平总书记在全国国有企业党的建设工作会议上强调,"要把思想政治工作作为企业党组织一项经常性、基础性工作来抓。"施工企业作为中国共产党领导下的经济组织,其思想政治工作是保持企业管理有序开展和改革进步的重要保障,企业文化建设又是施工企业发展中的重要一环。思想政治工作和企业文化建设二者相辅相成,互为表里。我们应当正确认识二者的内涵和功能,对它们做出正确的选择,积极找寻融合的新路径,促进二者朝着融合的方向迈进,更好地实现施工企业做强、做优、做大的目的。

第一节 思想政治工作的内涵与功能

思想政治工作是我们党从革命时期传承至今的优良传统,是我们党执政的优势之一。思想政治工作是我们党经济工作和其他一切工作的生命线,是社会主义精神文明建设的根本保证。在中国共产党的领导下,我国的经济发展呈现良好势头,作为经济指标的重要贡献者——施工企业,其思想政治工作是改革和管理机制构建的基础,是推动施工企业进步的思想武器。

一、思想政治工作的内涵

思想政治工作,我们可以理解为:一个特定的阶级和团体,为了实现他们关于政治上的目标,对人们的意识进行有目的性的影响,使人的思想发生改变,并朝着所期望的方向转变,达到引导人们的社会行动朝正确方向发展的目的。

作为中国的执政党,中国共产党的思想政治工作就是把马克思主义的理论知识和共产主义最高理想作为教育理念方针,不断影响和引导中国人民,增强中国人民的自信心和斗志,发掘和发展人们的思想力、行动力和创造力,加深提高对这个世界的认识,并且对现今的工作目标和长远的理想进行广泛宣传,引导人们为之努力拼搏奋斗。因此,可以说,思想政治工作就是对人们在政治立场、观点以及行为等方面的困惑进行解答,帮助其树立正确世界观、人生观、价值观。

思想政治工作是为了解决人们在思想、观点以及政治立场方面的问题,所以它的对象是人。对于执政党而言,思想政治工作的重要性在于可以保证经济工作稳定快速进行,也能保证其他一切工作的工作效率;同时,也是实现中国共产党领导人民建设社会主义现代化强国的必要途径,更是精神文明建设不可或缺的内容。思想政治工作具有明显的党性、普遍的实践性和广泛的群众基础,因此,它必须无条件服从党的领导。为了使人民群众立场坚定、观点正确,并能学习和掌握正确的思想和工作方法,实现党的目标、完成党的任务,就必须坚持以习近平新时代中国特色社会主义思想为指导,用马克思主义理论来教育广大群众和党员干部,按照既定的规则和标准行事做人。同时,作为一门综合性的应用类学科,思想政治工作集马克思列宁主义的建党学说、心理学、社会学、教育学和伦理学等为一体,以辩证唯物主义和历史唯物主义两大理论为其理论基础。思想政治工作是经济工作和其他一切工作的生命线,是推动人们完成各项工作的重要保证。思想政治工作是我们党和社会主义国家的重要政治优势,无论是革命战争年代,还是改革发展时期,党和国家领导人十分重视这项工作。党的十八大以来,以习近平同志为核心的党中央高度重视思想政治工作,习近平总书记发表了一系列重要讲话、提出了一系列明确要求,深入回答了事关思想政治工作的方向性、根本性问题。在党的十九大上,习近平总书记强调,"要加强和改进思想政治工作";在全国国有企业党的建设工作会议上,习近平总书记对做好国有企业思想政治工作提出了明确要求,为我们做好施工企业思想政治工作提供了根本遵循,必须认真学习领会,切实贯彻落实。

施工企业思想政治工作的基本内涵是以习近平新时代中国特色社会主义思想为指引,全面把握新时代党的建设总要求,以保证党的政治任务的完成和生产目标任务的实现为宗旨,以宣传中国特色社会主义理论体系、弘扬团队精神为内容,加强职工思想教育,引导职工树立正确的政治态度,进行精神塑造,以及不良思想倾向的排除和转化工作。总之,想全面、科学地掌握施工企业思想政治工作的实质和内涵,加强对施工企业本质、内部管理结构、功能的理解和认识是至关重要的。

对于一个处于新形势下的施工企业来说,思想政治工作要求做到,深入学习贯彻党的十九大精神,严格贯彻执行以习近平同志为核心的党中央的决策部署,在不违背企业职工主观意愿和客观工作规律的基础上,引导他们用习近平新时代中国特色社会主义思想武装头脑、指导实践、推动工作,教育职工树立正确的世界观、人生观和价值观,做爱国、敬业、诚信、友善的合格公民,不辜负党和国家的殷切希望。与此同时,要处理好企业中人与人的关系,激发职工干事创业的积极性,推动企业生产经营等各项工作迈上新台阶,实现企业发展的经济效益和社会效益。

总之,加强和改进施工企业在新形势下的思想政治工作,在职工方面,必须引导广大职工胸怀中华民族伟大复兴的战略全局和世界百年未有之大变局"两个大局",增强"四个意识"、坚定"四个自信"、做到"两个维护"。激发职工主人翁意识,激发他们对思想政治工作的热情,转变他们的工作态度,发挥干部带头作用,提升企业创造力;在企业方面,要与时俱进,兼顾企业经济利益和社会利益,为企业树立良好的形象,使企业独树一帜,在竞争中有独特的优势,实现持续、健康、快速发展。

二、思想政治工作的功能

思想政治工作是中国共产党执政优势的体现,在中国共产党的带领下,人们的生活朝着更加美好的方向发展。实践证明,坚持中国共产党的领导,加强自身党性修养,无论对个人还是对社会,都具有积极的意义。对于施工企业来说,要想实现企业的长久发展,维护企业管理的稳定性,必须要重视思想政治工作，并且要将思想政治工作定位为企业的核心任务。思想政治工作对广大企业职工进行爱国主义、集体主义、社会主义教育，培养爱岗敬业、自主学习的良好作风。具体表现在对企业职工生活态度、工作态度、思想动态的作用，激发职工爱企业、爱岗位的责任感，充分调动他们的主观能动性，更好为企业发展和改革服务，促进企业核心竞争力的提升。加强思想政治工作，开展教育任务，最关键的是要帮助在思想上有困难的职工提供解决方案，剔除思想上的不利因素，革除阻碍职工发展的影响因素，使得他们与其他职工一起携手进步，共创企业未来。总之，思想政治工作在施工企业中的作用，主要体现在对职工进行思想教育，帮助职工实现道德修养的提升，促进企业改革、发展的平稳进行，最终实现施工企业经济预期目标。对思想政治工作的功能分析如下。

首先，强化思想政治工作，有利于企业思想的高度统一。思想政治工作的开展有利于引导职工树立正确的历史观、民族观、国家观、文化观，激发职工爱党、爱国、爱社会主义的巨大热情。促进企业职工思想达到一致，让职工们对企业发展前景信心更足。自从我国加入世贸组织，各行各业的先进企业都在着重提升国际竞争力，抓紧一切时间争取在国际市场上占有一席之地。在这种经济全球化的大背景下施工企业的发展呈现现代化、全球化的特点，面临的挑战也将更加严峻。所以，施工企业要坚持用全面、辩证、长远的眼光分析当前经济形势，努力在危机中育新机、于变局中开新局，学会把握机遇，在市场经济浪潮的强烈冲击之下，提高自我竞争力。机遇与挑战并存，改革开放40多年来，我国施工企业不断在寻找改革的方法，追求企业管理和技术上的创新。施工企业要明确思想政治工作的重要性，开展具有创新性和紧迫性的思想政治工作，引导企业职工众志成城、万众一心，牢固树立进取意识、机遇意识、责任意识等，全面深化改革，科学判断施工企业发展的有利因素和不利因素，不断增强企业的凝聚力和竞争力，培育优秀的企业文化，为企业健康、可持续发展提供强大的思想武器。

其次，强化思想政治工作，更有利于增强企业职工团结性和凝聚性，发挥企业职工的主观能动性。职工作为企业发展的主体，其精神状态的好坏，直接影响企业综合实力和发展水平，而施工企业受自身独特性的影响，如何调动职工积极向上的热情，形成昂扬向上的斗志，是施工企业面临的突出问题，强化思想政治工作是一个重要途径。同时，在施工企业改革发展的过程中，面临着体制机制的不断变化，如何正确处理好各种关系，合理调整利益格局，促进职工队伍稳定，保持企业发展活力，都是思想政治工作应重点解决的问题。为了保证施工企业的良好有序发展，有效的思想政治工作可以引导职工树立正确的世界观、人生观、价值观，培育和践行社会主义核心价值观，营造有利于职工健康发展的和谐企业氛围，不断增强企业的核心竞争力，打造优秀的企业文化，凝聚人心、汇聚力量，为企业生产经营服务。

最后，强化思想政治工作，有利于处理企业改革过程中出现的难题，保证企业健康、稳步发展。在经济体制改革不断深化的大环境下，诸多不利因素给企业发展带来压力和风险。同时，伴随着产业结构调整、人口老龄化加快，住房问题、医疗保险问题等对施工企业稳定、和谐的发展环境也产生了一定影响。面对诸多严峻复杂的外部因素，加强思想政治工作力度，营造企业发展和谐向上的内外部环境至关重要。

第二节　企业文化的内涵与功能

企业文化是在一定的条件下，企业生产经营和管理活动中所创造的具有该企业特色的精神财富和物质形态，是对企业经营价值理念、制度管理理念、精神层面的客观反映，它包括企业愿景、文化观念、价值观念、企业精神、道德规范、行为准则、历史传统、企业制度、文化环境、企业产品等。其中，价值观念是企业文化的核心，它可以有效地反映职工的共同愿望、理念，是指导企业前进、职工实现自我价值的"哲学"和"工具"。

一、企业文化的内涵

企业文化是企业的灵魂，是推动企业发展的不竭动力。从本质分析，企业文化可分为三个层次：第一，企业文化的性质决定其不仅是职工信奉的理念，也是企业发展和职工工作实践的理念；第二，企业文化的属性决定它是企业存在和发展的根本，是灵魂；第三，企业文化的功能和作用，既可以宣传企业的正面形象，提升企业的凝聚力，又可以解决企业发展所存在的种种弊端与难题。

企业文化是企业成员共同拥有的发展目标、价值观念、行为规范的综合，内容涵盖企业的物质、行为、制度、精神文化等。

企业物质文化是企业文化的基础，是一种以物质形态存在的文化形式，多指企业职工自我创造的产品和设备设施所构筑的文化，而企业生产和研发的产品及服务则是企业物质文化的重要组成部分；企业行为文化主要指文化的运动层面，如企业培训、人际交流、体育活动、娱乐活动、健康教育宣传等，是对企业价值观和精神面貌的具体反映，也是对职工个体思想活动影响最大的方面；制度文化是企业文化中的关键组成，是影响企业管理水平的重要因素，对职工行为具有规范和约束作用，是营造企业精神文化和职工个人精神风貌的重要工具；精神文化是企业文化的核心组成，是企业经营发展的灵魂，它受到社会文化、风气、经济形势的综合影响，具体表现为企业精神、企业管理理念、企业价值观念等。

施工企业的企业文化，就是要展现企业所具有的某种精神，一旦这种精神在企业内被职工所认同，就能在企业发展中产生一种强大的向心力和凝聚力。此外，企业文化还要反映一个企业的个性，能够让它在众多同行企业中脱颖而出，成为某一行业的代表。这种文化的建设是企业建设中不可或缺的一部分。从内涵分析，企业文化属于经济伦理的范畴，综合历史理论研究方法，我们可以看出，企业文化不仅是一种多学科交叉运行的知识，也是推动企业长久稳定发展的重要动力。随着市场经济改革的深入发展，企业文化逐渐成为企业增强实力、提升核心竞争力的手段和策略，是关乎企业生存和发展的重要因素。

二、企业文化的功能

一流的企业靠文化管理，二流的企业靠制度管理，三流的企业靠人才管理。企业文化在企业发展壮大中的重要性显而易见。

从企业文化内涵的分析，我们发现，企业文化和企业发展具有共生性，二者相互促进、相互进步。企业发展为企业文化建设提供生存、发展的土壤和养分，而企业文化建设则作用于企业成员的价值观念、行为方式、行为规范、职业操守等，能够提升企业凝聚力和战斗力，促进企业的进步和发展。当一个企业的规模发展壮大之后，又会反作用于企业文化，促进企业文化的建设。企业的经营在于获取利益的最大化，同时，帮助职工实现自我价值。而企业文化建设具有个性特色，不同发展情况的企业，其企业文化内涵又存在差异，这与企业性质有很大的联系。不同企业的企业文化也存在共同的特征和功能，具体分析如下。

1. 凝聚力和团结

企业文化各方面的特点和内涵决定企业文化具有提高凝聚力、促进团结的作用，而凝聚力和团结正是企业文化建设的直接目的，不断凝聚职工的创造力、形成企业发展的各方合力，企业的综合实力方能得到快速提升。在企业内部需要营造一个公平、公正、金开、健康、和谐的氛围，加强企业内部团结精神的宣传和打造，从而促使企业职工积极主动参与到工作中去，努力发挥自己的主动性、创造性，各方合力共同促进企业的发展和进步。总之，通过企业文化建设增强职工内心的归属感与认同感，将企业大家当成自己的小家来养育，职工之间通过手牵手、心连心的方式所凝结的力量是企业发展和壮大的重中之重，将保障企业在激烈市场竞争中处于不败之地。

2. 导向性

企业文化建设对企业职工价值观、工作理念和方法有强大导向作用，优秀的企业文化会潜移默化地影响职工，使职工个人价值趋向与企业价值观念相一致，给予职工共同的奋斗目标，企业全体职工为了这个目标，努力发挥个人的光和热，在全员的共同努力下实现企业发展目标。与此同时，企业文化会帮助职工树立正确的人生观，进而引导职工朝着企业前进方向迈进。因此，企业文化建设至关重要，应从企业实际经营情况出发，科学制定企业的发展目标，指导企业和职工向这一合理目标前进、奋斗。

3. 约束性

企业文化对职工具有约束力。从严格意义上讲，企业管理制度也是企业文化的一部分，企业领导和职工作为企业的一分子，必然受到企业管理制度的管理和约束，一切工作行为均要对企业负责。但是，这种约束力又并非简单对企业职工行为的硬性约束，而是可以通过企业文化的建设来形成软性约束力，从职业道德和操守等价值观层面来规范企业职工的行为，让企业文化在企业发展过程中提供强大的精神力量。

4. 鼓舞性

合理、有效、从实际出发的企业文化，可以从根本上改变企业职工的行为状态、心理状态，培养职工树立积极向上的理想、信念，而这种由内而发的理想、信念是提升企业核心竞争力的有力武器。马斯洛需求理论将人的需求，从高到低排序为自我实现、尊重、爱和归属感、安全感和生理上的需求。其中，自我实现是最高层次的需求，是个人理想、抱负发挥到极致的体现，自我实现能使人感受到最大的快乐。优秀的企业文化即应该以职工个人价值的实现作为目标，一个人的个人价值得到承认，会得到极大的满足感，这种满足感又鼓舞其在工作上更加努力，以期实现更高的个人价值。因此，可以说，满足这种精神需求对激发职工积极性是至关重要的。同时，良好的企业文化可营造和谐、良好的工作氛围，当职工在轻松、愉悦的环境下工作时，能够激发职工的积极性和创造性。

综上所述，加强企业文化建设可大大提升施工企业的发展动力、综合实力和核心竞争力，帮助企业在激烈的全球市场竞争中掌握主动权。在激烈的全球市场竞争中，施工企业应当发挥主观能动性，从思想政治工作和企业文化建设入手，凝聚企业职工的向心力，打造企业归属感，让职工们心甘情愿为企业奋斗，在大家众志成城的努力下，施工企业的发展必然能够日新月异。

当一个企业核心竞争力得到提高时，走出国门也将更加容易。我国施工企业能够在国外占有一席之地，证明我们企业的实力可以同国外大企业同台竞争，企业价值得到了市场的肯定。我国施工企业正不断在世界各地建立子企业和附属企业，进而在全球范围内从事经济活动。因此，施工企业必须对跨国企业经营方式和内部管理结构进行调整，以应对市场全球化的挑战。在这种全球化竞争的趋势之下，施工企业更加需要不断加强思想政治工作和企业文化建设，打造独具特色的企业文化，突出企业职工归属感和主人翁意识，最终达到优化企业内部管理、提高企业凝聚力的目的。

第三节 相关基础理论分析

一、施工企业思想政治工作的相关理论基础

（一）马克思主义经典作家的相关理论

1. 关于社会存在与社会意识辩证关系的原理

社会存在与社会意识辩证关系的原理是，社会存在是第一性的，社会意识是第二性的；社会存在决定社会意识，社会意识对社会存在具有能动的反作用，并具有相对的独立性。正确的社会意识能够促进社会存在的发展，错误的社会意识对社会存在的发展具有阻碍的作用。社会存在与社会意识辩证关系原理第一次真正解决了社会历史观的基本问题，是人类思想史上的伟大贡献，是社会历史观革命性变革的基础。社会存在和社会意识的辩证关系原理，为施工企业思想政治工作者认识职工思想发展规律和思想变化的根源提供了科学的理论依据。

首先，施工企业工作比较特殊，具有"苦、累、脏、危"的特点，工作时间长，尤其在赶工期的时候加班加点是常事；工作环境差，长期从事野外作业；工作流动性大及安全系数低等，施工企业职工的生活环境与工作压力决定其相比于其他职业的职工来说，具有一定的特殊性。其次，在新形势下，施工企业为了适应时代发展的变化，纷纷走上改革的道路。随着施工企业改革生产模式、管理方式，职工的思想也发生了变化。施工企业的工作环境、当前社会环境以及生产方式，这些都是社会存在，正是这些社会存在决定施工企业职工所产生的思想认识，即社会存在决定社会意识。当施工企业体制变革、设备更新以及社会环境开始发生变化的时候，在一定程度上会导致其职工的思想发生变化，这就是社会存在的变化决定社会意识的变化。

社会意识对社会存在具有反作用，社会意识对社会存在的作用是一把"双刃剑"，能够促进或者阻碍社会存在的发展。如果施工企业能很好地开展思想政治工作，妥善解决职工出现的思想变化，对施工企业的发展和改革都

有极大的促进作用;反之,其将成为企业改革和发展路上的绊脚石。社会意识积极的能动作用有利于企业文化的建设,企业文化是凝聚企业先进、科学的价值追求,大力弘扬企业文化能够促进企业不断进步与发展。

社会存在与社会意识辩证关系原理为施工企业开展思想政治工作提供了科学的理论依据。因此,当前施工企业开展思想政治工作要充分考虑到企业职工的特点,以职工思想产生、形成的基本条件为基础,结合当前国际、国内的客观环境以及施工企业改革的形势,同时,在思想政治工作中要大力弘扬良好的企业文化,借助于企业文化建设,增强思想政治工作的成效。只有这样,施工企业职工思想政治工作才能取得实效,才能推动施工企业的改革进程。

2. 关于人的本质与全面发展的理论

马克思主义认为:"人的本质不是单个人所固有的抽象物,在其现实性上,它是一切社会关系的总和。"[①] 也就是说,个人和社会是统一的,人的本质不是单个人一生下来就具有的,而是在一定的社会关系和历史条件下形成的。由此可见,人的本质是以现实的社会关系为起点的,通过思想政治工作的引导和协调作用,使人的本质适应社会生产方式变革的要求。同时,人的价值也是在社会关系中体现出来的。马克思、恩格斯在《德意志意识形态》中开始正式提出并系统地阐述了"个人全面发展"的学说。"个人全面发展"的含义是指每一个人的智力、体力在社会生产过程中尽可能多方面地、充分地、自由地、和谐地发展,最根本的是个人劳动能力的全面发展,使人们都成为"各方面都有能力的人,即能通晓整个生产系统的人"。[②] "人不仅是自然界长期发展的产物,同时也是社会劳动的产物。一个人的发展取决于和他直接或者间接进行交往的其他一切人的发展……单个人的历史绝不能脱离他人,这种发展正是取决于个人之间的联系。人的全面发展也正表现为人的社会关系的丰富和发展。"

人的本质与全面发展的理论,为施工企业职工思想政治工作的开展开拓了更广阔的视野。施工企业职工不是单一的个人,他们处于企业这个特定的

[①] 中共中央马克思恩格斯列宁斯大林著作编译局编译. 马克思恩格斯选集 3[M]. 北京:人民出版社,2012.

[②] 中共中央马克思恩格斯列宁斯大林著作编译局编译. 马克思恩格斯选集 3[M]. 北京:人民出版社,2012.

社会集体所构成的复杂社会关系中，每个人的发展也是在这些社会关系中开展和进行的，每个人的价值作用也是在一定社会关系中体现出来的。因此，施工企业职工思想政治工作也必须放在这些社会关系中，才能关注到施工企业职工的发展，体现出职工思想认识的变化。另外，在施工企业中，有专人来负责项目的各个环节，这些环节的工作跨度比较大，专业性强，比如：安全员主要负责项目安全管理，检查施工现场存在的安全隐患；财务人员负责编制项目的季度、年度会计报表，项目资金的管理与运作；预算员负责做好工程预算，为企业投标和项目施工提供可参照的依据。施工企业职工各司其职，往往只是对于职责范围内的工作比较在行。一项工作的顺利开展，需要各个岗位上的职工相互配合，一环扣一环，甚至有的人要身兼数职，工作的难度大，凡此种种，都考验着职工的个人能力。例如：项目经理负责整个工程项目的管理，包括工程质量、工程安全、成本控制等等，要胜任项目经理的职位，需要了解预算员、安全员、质检员、技术员等多个工种的具体职责。总之，为了能够保证企业的又好又快发展，要尽可能实现每一位职工的全面发展，让他们争取做到对每一项工程环节都了然于胸，不仅能干好自己岗位的工作，还能够了解其他岗位的工作，成功发挥个人的聪明才智。可见，人的本质与全面发展的理论为施工企业思想政治工作者正确认识职工思想形成和发展规律，培养全面发展的新型职工提供了理论依据。

3. 关于政治与经济辩证关系的原理

马克思主义认为，经济是基础，政治则是经济的集中表现。政治属于上层建筑，并在上层建筑中处于核心的地位。因为，政治能够更直接、更集中地反映经济，并且又反作用于一定的经济基础。俄国十月革命后，在认识政治与经济的相互关系时，列宁指出，"政治是经济的集中表现"，"任何民主和一般的任何上层建筑一样，归根到底是为生产服务的，并且归根到底是由该社会中的生产关系决定的"。[①] 由此可见，政治必须以一定的经济为基础，并反映经济活动的基本内容，政治活动又具有一定的指向性，为一定阶级的经济基础和经济利益服务。

经济基础决定上层建筑，上层建筑反作用于经济基础。思想政治工作属

---

① 列宁. 列宁选集 第8卷[M]. 解放社，1939.

于上层建筑，因此，思想政治工作反作用于经济。对于施工企业来说，盈利是其重要目标，但是光为了发展经济，而忽视思想政治工作的开展，十分不利于施工企业的长足发展。因此，思想政治工作的开展要以一定的经济条件为基础，组织职工培训、购买书籍读物、组织各种活动等都离不开经济，但同时思想政治工作的开展又是为经济发展服务的。思想政治工作的目的是要提高职工素质，激发职工投身工作的热情，保证企业工作的顺利开展。所以，政治与经济的关系，决定着施工企业改革能否成功、能否继续向前发展，也关系到我国社会主义建设的前途。经济发展和思想政治工作就像鸟的一对翅膀，缺少任何一翼都飞不起来，只有双管齐下，实现政治与经济的内在统一，施工企业改革与发展才能平稳顺利进行。

（二）当代中国思想政治工作的相关理论

1.《关于正确处理人民内部矛盾的问题》

1957年，毛泽东在最高国务会议第十一次扩大会议上发表的《关于正确处理人民内部矛盾的问题》的讲话，创造性地提出了关于正确处理人民内部矛盾的科学理论，为我国社会主义事业的发展奠定了理论基础，是对马克思主义理论的科学社会主义理论的重要丰富和发展。

人民内部矛盾是根本利益一致的、非对抗性的矛盾，解决矛盾的方法除了国家颁布的法律法规、行政命令以及企业制定的规章制度等带强制性规定外，更多要采用经济、民主、综合的办法来解决。一般来说，施工企业的组织规模较大，职工人数较多，不同管理者之间、管理者与下属之间、同级职工之间难免出现一些矛盾、摩擦。新形势下，施工企业为了跟随时代发展的步伐，加紧改革，也会导致企业内部职工矛盾呈现一系列的新特点。其中，利益矛盾占据主导地位，矛盾成因复杂且相互交织，矛盾的内容和性质也发生变化，但仍然属于施工企业职工的内部矛盾，不可将其扩大化。施工企业想要正确处理这些矛盾，就必须努力提高思想政治工作者的综合素质和灵活应变能力，合理地协调好各种利益关系，尊重和保障各方的合法权益，引导施工企业职工认识到施工企业的健康发展是全体职工的根本利益所在，而施工企业职工利益的实现则是企业健康发展的根本保证，解决好职工的实际问题、维护好职工的合法权益，实际上也就是在维护企业的根本利益。笔者建议，可以采用说服教育的方式，提高职工的思想政治觉悟和大局观念；畅通职工意见表达渠道，为职工搭建多种形式的沟通平台；思想政治工作者及企业领导在处理内部矛盾时要是非分明，依法办事。

2. 社会主义核心价值体系

2006年10月，党的十六届六中全会通过的《中共中央关于构建社会主义和谐社会若干重大问题的决定》，第一次明确提出"建设社会主义核心价值体系"这个重大命题和战略任务。2007年，党的十七大首次将"建设社会主义核心价值体系"纳入报告中。2011年，党的十七届六中全会提出，社会主义核心价值体系是兴国之魂，是社会主义先进文化的精髓，决定着中国特色社会主义的发展方向。2011年，中共中央办公厅、国务院办公厅转发《中央宣传部、国务院国资委关于加强和改进新形势下国有及国有控股企业思想政治工作的意见》指出，推进社会主义核心价值体系的学习教育，坚定干部职工对中国特色社会主义的信念，要把社会主义核心价值体系贯穿于国有企业思想政治工作各个方面。2012年，党的十八大提出"倡导富强、民主、文明、和谐，倡导自由、平等、公正、法治，倡导爱国、敬业、诚信、友善，积极培育和践行社会主义核心价值观"。2017年，党的十九大提出，要坚持社会主义核心价值体系，坚持马克思主义，牢固树立共产主义远大理想和中国特色社会主义共同理想，培育和践行社会主义核心价值观，不断增强意识形态领域主导权和话语权，推动中华优秀传统文化创造性转化、创新性发展，继承革命文化，发展社会主义先进文化，不忘本来、吸收外来、面向未来，更好构筑中国精神、中国价值、中国力量，为人民提供精神指引。2022年，党的二十大报告提出："用社会主义核心价值观铸魂育人，完善思想政治工作体系，推进大中小学思想政治教育一体化建设。坚持依法治国和以德治国相结合，把社会主义核心价值观融入法治建设、融入社会发展、融入日常生活。"一个民族的文明进步，一个国家的发展壮大，最持久、最深层的力量是全社会共同认可的核心价值观。通过教育引导、舆论宣传、文化熏陶、行为实践、制度保障等广泛践行社会主义核心价值观，我们就一定能以社会主义核心价值观为引领更好推进文化强国建设，更好满足人民日益增长的精神文化需求，不断提升国家文化软实力和中华文化影响力。

开展以社会主义核心价值观为理论基础的思想政治工作，是施工企业重要的使命和职责。一方面，在施工企业改革的推动下，职工面临着激烈的竞争、不断波动的收入；另一方面，当前互联网的广泛应用，各种信息泛滥，拜金主义、享乐主义等错误思想的滋生，深刻地影响着施工企业职工思维方式、思想观念的变化，这些都对思想政治工作的开展增加了难度，提出了新的要求。因此，以社会主义核心价值观理论为支撑，开展职工思想政治工作尤为重要。引导职工正确处理个人、集体以及国家之间的利益关系，教育广大职工工作中爱岗敬业，生活中诚实守信，树立社会主义荣辱观等。施工企业职工思想政治工作坚持以社会主义核心价值理论体系为基础，是树立企业良好形象，实现企业内部和谐、稳定、团结的基本途径。

二、施工企业文化建设的相关理论基础"学习型组织"理论

企业文化作为企业管理的一种手段和方式，与管理理论存在必然的联系。这当中，企业文化与现代管理学中的"学习型组织"理论最为相关。美国学者彼得·圣吉在《第五项修炼》一书中提出学习型组织概念，其含义为"组织面临变化剧烈的外在环境，应力求精简、扁平化、终生学习、不断自我组织再造，以维持竞争力。"

学习型组织的特征：有一个人人赞同的共同构想；在解决问题和工作过程中，抛弃旧的思维方式和常规程序；作为相互关系系统的一部分，成员对所有的组织过程、活动、功能和环境的相互作用进行思考；人们之间坦诚地相互沟通；个人利益和部门利益要服从于实现组织的共同理想。

1. 组织成员拥有一个共同的愿景

组织的共同愿景来源于职工个人的愿景，而又高于个人的愿景。它是组织中所有职工愿景的共象，是他们的共同理想。一个共同的愿景具备强大的凝聚力，能够将不同个性的人凝聚成一股力量，朝着同一个目标前进。

2. 组织由多个创造性个体组成

在施工企业中，主要有两种类型的工作，一种是反映类的，一种是创造

类的。一般来说，反映类工作相对于创造类工作来说较简单，主要起到桥梁作用，当工程出现问题的时候，反映人就要反映一下；当领导来视察工作的时候，反映人要向领导们如实报告相关工作情况。这种工作最多能够维持现状，而对企业发展来说，真正有发展前途的是创造类工作，一个没有创造力的企业终将会被时代的潮流所淘汰。

3. 善于不断学习

这是学习型组织的特征。所谓"善于不断学习"，主要有四点含义。

一是强调"终身学习"。即组织中的成员均应养成终身学习的习惯，这样才能形成组织良好的学习氛围，促使其成员在工作中不断学习。

二是强调"全员学习"。即企业组织的操作层、执行层、运行层、决策层都要全心投入学习，尤其是管理决策层，他们是决定企业发展方向和命运的重要阶层，因而更需要学习。

三是强调"全过程学习"。即学习必须贯彻于组织系统运行的整个过程之中。约翰·瑞定提出了一种被称为第四种模型的学习型组织理论。他认为，任何企业的运行都包括准备、计划、推行三个阶段，而学习型企业不应该是先学习，然后进行准备、计划、推行，不要把学习和工作分割开，应强调边学习边准备、边学习边计划、边学习边推行。

四是强调"团队学习"。即不但重视个人学习和个人智力的开发，更强调组织成员的合作学习和群体智力的开发。在学习型组织中，团队是最基本的学习单位，不仅要求个人的能力，还要求个人与他人的配合能力。团队的力量是巨大的，大家互相弥补对方的短板，将整个团队建设成为一个无坚不摧的力量，争取实现组织的所有目标。学习型组织通过保持学习的能力，及时扫除发展道路上的障碍，不断突破，组织中的成员不仅要掌握本岗位上的工作技能，而且要学习了解其他岗位的工作技能。只有这样，工作才能顾全大局、相互协作、实现高效。

4. 地方为主的扁平式结构

传统的企业组织结构是金字塔式的垂直组织结构，上下级之间是决策输送和信息反馈的逆转传递，上情下达或下情上达同样都要经过中间的层层结构传递，这导致信息损耗大、传递成本高、传递速度慢等不良后果。

另外，企业内部的不同职能部门，往往形成部门职工之间沟通与合作的障碍。这种严格定位、分级负责的模式在传统经济发展阶段由于行业发展的可预测性较强而比较有效，但面对变化多端的现代化市场行情则变得反应迟缓，缺乏灵活机动性。西方经济学者把传统企业组织模式的失效归因于传统企业组织里一贯存在的"边界"，认为传统企业之所以存在边界，其原因在于按照需要把职工、业务流程及生产进行区分，使各要素各有专攻、各具特色。但是，经济发展的现实是经济信息化和全球化根本改变了企业生存的内外环境，要求企业从内部到外部建立合作、协调、高效的机制，变大规模生产为灵活生产，变分工和分等级为合作，调动职工积极性，协调外部经营环境，这就是对企业边界改革的呼唤。

学习型组织结构是扁平的，即从最上面的决策层到最下面的操作层，中间相隔层次极少。它尽最大可能将决策权向组织结构的下层移动，让最下层单位拥有充分的自主权，并对产生的结果负责。例如：美国通用电气公司目前的管理层次已由九层减少为四层，只有这样的体制，才能保证上下级的不断沟通，下层直接体会到上层的决策思想，上层也能亲自了解到下层的动态，吸取第一线的营养。只有这样，企业内部才能形成互相理解、互相学习、整体互动思考、协调合作的群体，才能产生巨大的、持久的创造力。

5. 职工家庭与事业平衡

学习型组织致力于将职工的工作生活与家庭生活相统一，争取做到二者之间的平衡。学习型组织支持每位职工充分的自我发展，而职工将对组织的发展尽心作为回报。这样，个人与组织的界限将变得模糊，工作与家庭之间的界限也将逐渐消失，二者之间的冲突也将大为减少，从而提高职工家庭生活的质量，争取达到家庭与事业之间的平衡。

6. 领导者的新角色

在学习型组织中，领导者是设计师、仆人和教师。领导者的设计工作是一个对组织要素进行整合的过程，他不只是设计组织的结构和组织政策、策略，更重要的是设计组织发展的基本理念。领导者的仆人角色表现在他对实现愿景的使命感，他自觉地接受愿景的召唤。领导者作为教师的首要任务是界定真实情况，协助人们对真实情况进行正确、深刻的把握，提高他们对组织系统的了解能力，促进每个人的学习。

学习型组织有着它不同凡响的作用和意义。它的真谛在于：学习一方面是为了保证企业的生存，使企业组织具备不断改进的能力，提高企业组织的竞争力；另一方面，学习更是为了实现个人与工作的真正融合，使人们在工作中活出生命的意义。以上正是实施企业文化建设策略所必须考虑的内容，先进的、符合企业特色的科学企业文化必将具有上述管理特征。因此，现代管理理论为分析研究企业文化提供了理论基础。

（一）"人性假设"理论

目前，企业文化受到世人的推崇，尤其是在企业界更是备受关注。究其原因，这与企业文化涵盖的人性化管理存在着一定程度的联系。因此，从某种程度上来说，对人性的了解和人性假设理论分析是实施企业文化战略基础。

著名管理心理学家雪恩于1965年在《组织心理学》一书中，提出了四种人性假设理论。

1. "经济人"假设

"经济人"假设又称"实利人"或"唯利人"假设。这种理论产生于早期科学管理时期，其理论来源是西方享乐主义哲学和亚当·斯密的劳动交换的经济理论，即认为人性是懒惰的，干工作都只是为了获取经济报酬，满足自己的私利。因此，管理上主张用金钱等经济因素去刺激人们的积极性，用强制性的严厉惩罚去处理消极怠工者，即把奖惩建议在"胡萝卜加大棒"政策的基础上取最早提出"经济人"概念的是美国心理学家麦格雷戈，他于1960年在其著作《企业的人性问题》中，将以"经济人"人性假设为指导依据的管理理论概括为X理论，并认为它是一种错误理论。泰勒则是以理论为指导的管理典型代表，以严格控制和严密监督为根本特征，只考虑如何提高生产效率，毫不关心工人的心理需要和思想感情。

2. "社会人"假设

这种理论源于"霍桑实验"及其人际关系学说，"社会人"的概念也是由该实验的主持者梅约提出的。这种假设认为，人是社会人，人们的社会性需要是最重要的，人际关系、职工的士气、群体心理等对积极性有重要影响。因此，在管理上要实行"参与管理要重视满足职工的社会性需要，关心职工，协调好人际关系，实行集体奖励制度等"。

3．"自动人"假设

即"自我实现人"假设，这一概念是最早由人本主义心理学家马斯洛提出。尔后，麦格雷戈提出了以"自动人"假设为理论基础的管理理论，他明确否定 X 理论，而肯定 Y 理论。

"自动人"假设认为，人是自主的、勤奋的，自我实现的需要是人的最高层次的需要，只要能满足这一需要，个体积极性就会充分调动起来。所谓自我实现，是指人的潜能得到充分发挥，只有人的潜能得以表现和发展，人才会得到最大的满足。因此，管理上应创设良好的环境与工作条件，以促进职工的自我实现，即潜能的发挥，强调通过工作本身的因素，即运用内在激励因素调动职工的积极性。

4．"复杂人"假设

这种理论产生于 20 世纪六七十年代。其代表人物有雪恩、摩尔斯和洛斯奇等。该理论认为，无论是"经济人""社会人"还是"自动人"假设，虽然各有其合理性的一面，但并不适合于一切人。因为，一个现实的人，其心理与行为是很复杂的，人是有个体差异的。人不但有各种不同的需要和潜能，而且就个人而言，其需要与潜能，也随年龄的增长、知识能力的提高、角色与人际关系的变化而发生改变。于是，不能把人视为某种单纯的人，实际上人的存在是几种具体的"复杂人"。依据这一理论，便形成了管理上的超 Y 理论，即权变理论。权变理论认为，不存在一种一成不变、普遍适用的管理模式，应该依据组织的现实情况，采取相应的管理措施。

5．"知识人"假设

随着社会、经济的发展以及知识的变革，催生了以知识创新为特点的"知识人"假设，其理论要点如下：其一，人既是认知活动的主体，也是功利活动的主体。在知识经济中，认知活动所获得的知识直接成为功利活动的资本，因而，先行知识的获取以及在此基础上的知识创造将成为人的首选需要。其二，人是带着各类先行知识进行组织活动的，这些先行知识具有明显的个体差异性。其三，彼此差异的先行知识既制约着人的目的设置和手段选择，更制约着人的知识创新能力。

"知识人"假设的提出，将我们提高管理绩效的可能途径转向以激发人的知识创造为核心，这既是适应经济和社会发展的需要，同时，也是社会生产日益知识化所带来的必然要求。以此角度设计具体的激励措施，通过激活职工的创造热情和创造能力，将会从根本上引导管理绩效的提高。

总之，必须全面、系统地理解和把握人性，既重视个人心理动机对于工作热情和工作积极性的重要影响，又能适时地提供恰当信息以满足工作能动性和主动性的发挥。同时，更要投资人力资本，提升职工的知识创造能力，从而激活其创造性。这些都与企业文化里倡导的人文精神不谋而合，只有从"动机人""决策人"和"知识人"三者结合的角度，将工作积极性、能动性和创造性紧密结合起来，才能最大限度地提高管理效能。

（二）企业组织行为学理论

企业组织行为学理论为实施企业文化战略提供了理论参考。建设企业文化就是为了更好地经营管理企业，而企业组织行为学理论对企业行为的阐述，无疑为企业文化建设提供了宝贵的理论依据。

企业组织行为学是研究组织中人的心理和行为表现及其客观规律，提高管理人员预测、引导和控制人的行为的能力，以实现组织既定目标的科学。组织行为学的观点是亚当·斯密在《国富论》中首次提出的，他提出组织和社会都将从劳动分工中获得经济优势。随后，泰勒的科学管理理论、法约尔的行政管理理论、韦伯的行政组织结构理论等都对此进行了补充。

企业组织行为学是一门多学科、多层次相交叉的边缘性学科，又是具有两重性和应用性的学科。

（1）边缘性表现为多学科、多层次相交叉性。

（2）两重性表现为组织行为学既具有自然属性，又具有社会属性。

（3）应用性表现为组织行为学研究的直接目的在于联系组织管理者工作实际，提高其工作能力，提高组织的工作绩效。它采用系统分析的方法，综合运用心理学、社会学、人类学、生理学、生物学、经济学和政治学等知识，研究一定组织中人的心理和行为的规律性，主要是分析、说明、指导组织活动中的个体、群体以及组织行为，从而达到调动组织个体的工作积极性、改善组织结构、提高组织绩效、建立健康和谐文明的组织关系等目的。

企业建立的目的是生存、发展、盈利，为了实现这个目的，企业应该积极协调内部个别因素，充分调动其积极性，协调发展。同时，企业也应该积极适应外部因素的变化，为企业的发展创造一个良好的外部环境。企业管理，从某种角度，我们可以通俗地理解为，对企业的组织行为进行协调，以发挥最大的经济效益和社会效益，最终完成组织目标，而这个过程需要重视对企业资源的合理安排和有效利用。组织行为学理论包含了丰富的研究个体过程和行为的理论，这些使得企业管理有了系统完善的理论指导。

第四节　思想政治工作与文化建设共生关系分析

施工企业思想政治工作和文化建设二者之间的关系是共生的，本节通过对二者之间的共生关系进行分析，试图论证二者之间的共生关系，并从理论上对施工企业思想政治工作和文化建设的基本原理做出总结归纳。

一、共生理论

在施工企业这个共生体中，共生关系指的是施工企业思想政治工作和企业文化建设之间形成的紧密互利关系。

施工企业思想政治工作旨在促进企业提升经济效益和社会效益，在推动企业现代化进程中发挥着不可替代的作用。而企业文化作为近年来兴起的管理科学，在密切联系和团结职工方面，具有很强的实践价值。通过了解企业的日常工作，我们会发现，许多企业都会制定相应的制度体系，用来规范职工的行为。可以说，制度就是规则对行为的约束，通过观察制度所对应的行为，我们可以借此充分了解制度的特征。当我们在探究思想政治工作与文化建设之间关系的时候，可以沿用这种方法采用制度—行为分析框架，首先找出制度的行为集，然后借助行为集分析替代制度，最终以行为集兼容性判定两个制度之间的共生关系。

第五章 施工企业思想政治工作与文化建设的概述

表 施工企业思想政治工作与文化建设行为集的兼容性

施工企业思想政治工作行为集	关系	施工企业文化建设行为集
学习社会主义核心价值体系，培育社会主义核心价值观	等于	培育企业核心价值观和企业精神
加强企业文化建设	反作用	提炼企业经营管理理念
强化形势与政策教育	作用	依法经营、规避风险
注重人文关怀与心理疏导	属于	加强思想道德建设
维护职工的合法权益	反作用	加强设施建设，美化工作生活环境
加强组织领导和工作协调	等于	构建协调有力的领导体制和运行机制

二、共生界面分析

共生界面生成是共生关系形成的必要条件和关键特征，因此，共生界面分析是解析共生关系的重要工具。按照定义来说，共生界面指的是共生元素之间的接触媒介和资源交换渠道。因此，判定共生系统中的一个要素是否为共生界面的方法可以分为两步：第一步是两个共生制度单元具有共同要素，也就是说具有双重职能；第二步是两个共生单元之间要有资源的交换或资源的共享。

（一）党组织

作为整个企业运行中枢系统的企业党组织，在施工企业思想政治工作与企业文化建设中起着总揽全局、协调各方的作用。施工企业党组织站在全局的高度，按照企业生产经营活动的具体需要，科学配置资源，形成了运行良好的思想政治工作与企业文化建设领导机制。同时，企业党组织对施工企业思想政治工作与企业文化建设进行了深入完善的思考，并制定出科学合理的规划，实现了引导二者协调快速发展的目标。

我国进入21世纪以来，施工企业党组织与董事会及经理层开展了"双向进入、交叉任职"等方式，保持"一岗双责"和专兼结合的特点，从而打造施工企业的独特优势，提升企业的核心竞争力，为企业的科学发展提供保证。

（二）行政组织

如果把企业比喻成人的身体，企业党组织是保证企业顺利运行的中枢大脑，那么，各级行政组织就是连接身体各个部分的神经系统。在我国施工企业中，从事思想政治工作和企业文化建设一般设有专门的机构和部门，例如：政治工作部、党委工作部、党委宣传部、企业文化部等。随着现代企业制度的不断完善，企业的行政部门日趋集成化。在很多大型企业中，我们已经看不到政治工作部的身影，取而代之的是党群工作部，承担着企业的思想政治工作，有的甚至兼管着企业文化建设的工作。在这些行政组织中，很多工作内容有交叉的部分，也有很多组织是同一套人物在具体开展工作。可以说，这些行政组织和具体的工作人员是施工企业思想政治工作和企业文化建设的具体承担者，为推动二者的和谐共生起着十分重要的作用。

（三）群团组织

在施工企业思想政治工作与企业文化建设中，企业工会、团委等群团组织是重要的载体。我国施工企业中的工会、团委和女职工委员会等组织具有悠久的历史，丰富的活动经验。作为联系党和职工之间的桥梁与纽带，群团组织在履行维护职工合法权益、开展民主管理、民主监督中发挥着重要作用。同时，工会、团委还通过组织各种类型的集体学习活动、培训活动和职工竞赛活动，调动职工的积极性，培养职工的主人翁意识。在这个过程中，思想政治工作和企业文化的传播也在悄然进行，让企业的核心价值理念深入人心。

三、共生模型分析结论

本书在共生理论的基础上，基于事实，运用归纳与演绎相结合的方法，建立施工企业思想政治工作与企业文化建设的共生模型，并用模型分析二者之间的关系。通过共生模型的构建及分析，我们发现施工企业思想政治工作与企业文化之间满足行为集兼容原理，且二者之间有共生界面生成。因此，本书得出施工企业思想政治工作和企业文化建设存在共生关系的结论。

第一，在施工企业这个共生体中，共生元素就是施工企业思想政治工作和企业文化建设本身。由上述可知，施工企业思想政治工作行为集和企业文化建设行为集具有等价、归属和引致的关系，它们都集中关注企业核心价值观、经营理念、形势与政策教育、人文关怀以及职工合法权益的维护，并且通过加强组织领导和沟通协调，构建协调有力的领导体制和运行机制。

第二，共生界面是二者在一定时间内相互接触的媒介，它们通过党组织、行政组织和群团组织进行资源交换，形成了党委统一领导、党政共同负责、党共团齐抓共管，以党员干部为骨干，以行政干部为主体，以党员、团员、积极分子为基础，以群团组织为纽带，以党的各级组织为保证的一个全方位、多层次，干群结合、专兼结合，职工群众广泛参与的共生界面。

从整体角度来讲，在一定的时间和空间内，共生元素和共生界面组成一个有机整体，具有物质交换、能量流动、信息传导、价值传递和自我调节走向均衡的功能，这就形成了一个共生系统。

四、共生关系的意义

（一）二者相互促进，共谋发展

首先，施工企业思想政治工作为企业文化建设提供了总的方法论指导，是企业文化健康发展的重要保证。具体地说，做好企业思想政治工作能从根本上保证职工思想的稳定性、正确性，时刻紧跟党的思想，走中国特色社会主义道路。思想政治工作能培养职工的法治观念和道德意识，有助于在企业内部形成奋发向上、开拓进取、讲求信誉、崇尚奉献、服务大局的良好氛围，从而保证企业文化建设沿着正确的方向发展。

与此同时，施工企业文化建设又为企业思想政治工作开辟了新领域。随着社会主义市场经济的发展和现代企业制度的建立，企业文化建设在发展过程中遇到了很多新问题和新矛盾，为新形势下的企业思想政治工作开拓了新的领域。此外，在企业文化建设的过程中，施工企业通过开展各种活动，使职工在参与活动中有意无意地在思想观念、行为方式等方面加强对社会主义企业文化主旋律的认同，从而提高了企业思想政治工作的有效性。企业文化还为企业思想政治工作提供了相关载体，把思想政治工作寓于企业文化建设和各种健康有益的活动之中，从而使企业思想政治工作在潜移默化中落到实处。

（二）为施工企业发展提供良好的发展环境

任何事物的健康发展都离不开优良的环境，施工企业的发展也不例外。由于施工企业本身是一个依靠职工盈利发展的场所，同时，也是职工们工作、学习和生活的主要场所。因此，对于职工个人来说，营造一个良好的工作、学习和生活环境，不仅能够让职工时刻保持愉悦的心情，而且还能激发职工的主动性与积极性，让他们主动参与到企业经营与建设中来。

随着经济全球化的发展，各个国家之间的联系也更加紧密，各种不良思想和不良文化也随之涌入。面对当前形势，施工企业要积极制定应对政策，认真做好各项思想政治工作，引导职工们与各种不良思想和不良文化作斗争，自觉抵御不良文化的影响。在做好思想政治工作的同时，文化建设也要提上日程，主动发挥企业文化建设的重要作用，处理好二者的共生关系，使二者相互促进，协同发展，争取为职工们营造良好的工作环境，自觉维护施工企业和谐发展的成果，从根本上促进施工企业整体朝着和谐、稳定的方向发展。

（三）增强施工企业的综合实力

施工企业是一个权责分明的企业，不仅要保证企业职工个人的人身安全，为他们创造良好的工作环境，而且还要保证项目的工程质量，维护项目使用人的合法权益。对于施工企业来说，既是推动国家经济发展的重要力量，也应承担更多的社会责任。因此，施工企业必须以马克思主义理论为指导，加强职工理想信念教育，在发展企业经济的同时，保证企业发展的政治方向。企业文化作为一种全新的管理思想，它的实质是隐藏在企业经营管理行为背后的，体现企业个性的一整套价值观念。企业文化不仅能起到对内的凝聚和规范作用，而且还有助于提高企业的经营业绩，铸造品牌信仰。

总之，在现实中，思想政治工作与文化建设二者相辅相成，互为条件。特别是在当今国际、国内形势错综复杂的背景下，我国的施工企业为了在危机中求生存、求发展，在危机中育新机、于变局中开新局，就必须不断探索企业文化建设的新方法、新方式，创新企业思想政治工作的思路，处理好二者的共生关系，找准二者发挥作用的契合点并实现最大化，从而提升施工企业的综合实力。

第六章 施工企业思想政治工作的工作模式

第一节 施工企业思想政治工作的目标与原则

一、强根固魂，坚持以习近平新时代中国特色社会主义思想为指导

国有企业作为"共和国长子"，坚持党的领导、加强党的建设是"根"和"魂"所在，是自身的光荣传统，也是独特优势。做好施工企业思想政治工作，最主要的是要加强马克思主义理论教育，首先必须高举中国特色社会主义伟大旗帜，把深入学习贯彻习近平新时代中国特色社会主义思想作为一项长期的政治任务，作为一个持续跟进、常学常新的过程，持之以恒，久久为功，在学懂弄通做实下下功夫。精心组织安排学习形式和内容，推动企业干部职工学习习近平新时代中国特色社会主义思想往深里走，往实里走，往心里走。引导企业干部职工自觉用习近平新时代中国特色社会主义思想武装头脑、指导实践、推动工作，带动企业干部职工旗帜鲜明地讲政治，坚决维护习近平总书记的核心地位，维护党中央权威和集中统一领导。在思想上、政治上、行动上始终同以习近平同志为核心的党中央保持高度一致，围绕中心，服务大局，不折不扣推动党中央的决策部署和大政方针在企业落地生根。

二、以经济建设为中心，促进企业经济效益提升

无论是国有企业，还是私营企业，都是以创造最大价值作为目标，企业的各项工作都离不开企业不断发展壮大，获得良好的利润收益。施工企业思想政治工作要围绕建立现代企业制度，深化企业改革，将服务经济工作作为

思想政治工作的切入点,将思想政治工作作为企业发展的强大推动力,努力将企业职工的思想统一到党的路线、方针、政策中去,坚持以党建促生产,党建和生产融合发展。

为了更好地带领施工企业职工朝着统一的目标前进,首先在思想上要统一,保证思想政治工作的稳步运行,然后行动紧随其后有序推进。施工企业职工要在思想上紧跟我们党,坚持解放思想、实事求是、一切从实际出发,研究新动向,发现新问题,统一到振兴企业工作目标上,大家共同建设物质文明和精神文明,让人们看到企业发展的光辉未来。

三、以人为本,切实保障职工利益

一家企业的创办开展,离不开各位职工的共同努力,大家各司其职,保证企业工作平稳运行。由此可见,职工在整个施工企业的发展过程中占据着十分重要的地位。因此,我们在开展思想政治工作的时候,必须坚持以人民为中心的发展思想,坚持以人为本,努力保障职工利益,同时,还要在此基础上,保证企业发展呈现良好态势。

企业的发展,起决定性因素的是人。深化企业改革,促进企业发展,建立良好有效的企业内部运行机制,切实做到以人为本,牢固树立并积极实践促进人的全面发展的观念,树立人才资源是第一资源的思想,构建与此相适应的新体系、新格局,最大限度地把企业发展与个人价值的实现有机地结合起来。这是我们在新形势下对于施工企业思想政治工作开展的设想。然而,在传统的思想政治工作中,部分企业没有牢记以人为本的原则,导致促进人的全面发展的思想政治工作被置于次要的位置,把工作对象看作被动的客体,忽略了工作对象的行为动机和心理承受能力,甚至没有考虑工作对象具有个体差异性,从而束缚了人的个性发展。

因此,新形势下的施工企业思想政治工作,要继承传统思想政治工作的优点,摒弃其缺点。从根本性问题出发,突出人的主体性,满足人的个性发展,适应不断发展变化的本源,扎扎实实做好人的工作,坚持理解人、关心人、尊重人的原则。一个时刻为职工考虑的施工企业,坚持以人为本的原则,为职工争取利益最大化的模式,让职工内心获得了极大的满足感和归属感,必然会得到广大职工的欢迎和认可。

第一，社会存在决定社会意识，由于广大职工所处的环境和地位不同，有时会对企业的决策和制度产生误解或者消极抵触的行为。施工企业思想政治工作者在进行思想政治工作的时候，应该站在职工的立场看问题。当企业职工做出与企业理念背道而驰的事情时，企业党组织书记应当真诚宽容地引导他们正确认识问题，争取获得职工的信任，赢得职工的理解与支持，这样工作才能开展得更顺利。

第二，从事思想政治工作的人员，要深入基层，关心职工在工作和生活中遇到的问题和出现的困难，了解职工的情绪，关注职工群众最迫切要求解决的问题，为职工做好事、办实事、解难事，不讲空道理。往往解决了一职工的困难，也就解决了一群职工的思想问题，做到思想政治工作与解决实际问题相结合。

第三，每个人都是有差别的个体，性格秉性不尽一致，分析问题和解决问题的方法各不相同，因而思想政治工作不能广而化之，随便将自己的意识强加给职工的行为是错误的，一时的扭转不能在根本上解决问题，反而可能阻碍职工个人和企业的健康发展。因此，科学开展思想政治工作，应当因人而异，因势利导，给人足够的空间和时间，尊重职工的人格和性格。

企业开发、合理利用企业所有人力资源，是企业经济发展的重要源泉。从这个源泉出发，施工企业的思想政治工作必须尊重职工、信任职工，同时，还要发扬民主，善于听取广大职工的意见和建议，鼓励职工为企业发展献计献策。另外，为了调动职工工作的积极性，要尊重职工的首创精神，鼓励他们发挥主动性，鼓励他们热爱企业，维护企业的利益。这就需要施工企业建立健全各种激励机制，适应职工的不同需求，充分调动职工的积极性、创造性，发挥他们的聪明才智，为企业的发展建功立业。

第二节　施工企业思想政治工作的具体措施

一、加强政治观教育

施工企业对职工进行政治观教育，有利于提高职工的思想政治素质，加强职工对党的基本理论、基本路线、基本方针的认识，坚持中国共产党的领导，学习习近平新时代中国特色社会主义思想，使施工企业保持坚定的社会主义方向。一传十，十传百，牢固建立社会主义力量群，保卫整个企业屹立不倒。

首先，要加强施工企业职工理想信念教育。在施工企业中，按照从下往上的顺序依次分为：操作层、执行层、运行层、决策层。其中，操作层和执行层属于施工企业当中的基层，运行层和决策层属于其中的高层。由基层上升到高层的晋升难度较大，高层下达命令，基层执行，十分考验高层的判断能力和决策力，是一项艰巨的工作，一般的基层人员难以胜任此项工作。于是，就出现了一些职工觉得自己工作干好干坏都一样，干多干少都一样的错误意识。再加上施工企业所从事的工作往往比较艰苦，工资待遇未必尽如人意，对于一些缺乏进取心的职工来说，如何舒服地"混日子"才是他们首先要考虑的问题，更别提想要在工作领域有进一步的发展了。这些问题的出现，很大程度上源于企业职工自身缺乏共产主义远大理想和中国特色社会主义共同理想。因此，施工企业职工思想政治工作要牢牢依靠理想信念教育，帮助职工树立正确的世界观，教育施工企业职工胸怀远大理想、脚踏实地为实现共同理想而奋斗。

其次，要对施工企业职工加强基础性政治理论教育。教育引导企业职工认真学习党的基本理论，即学习马克思列宁主义、毛泽东思想、邓小平理论、"三个代表"重要思想、科学发展观、习近平新时代中国特色社会主义思想，推动入脑入心。施工企业要把基础性的政治理论学习，时刻贯穿在思想政治工作的各个方面，开展基础性的政治理论宣传普及活动，让这些理论深入施工企业职工的内心；引导施工企业职工树立正确的世界观、人生观、价值观；增强施工企业职工的公民意识和国家意识。争取从本质上提高施工企业职工的思想政治水平，推动施工企业各项工作的有序运行。

最后，要对施工企业职工加强形势与政策教育。目前，施工企业职工思想政治工作的开展要依据当前国内外政治、经济变化；党和国家出台的相关文件、政策；当前行业发展状况以及本企业在地区、全国以及国际的地位，增强施工企业职工的市场意识和竞争意识。另外，还有对于施工企业职工比较关注的社会保障、五险一金、文化教育、食品安全等民生问题，积极做好相关政策的解读。通过形势与政策教育，引导施工企业职工正确认识我国发展新的历史方位，面临的发展时机与困难挑战，激励施工企业职工把握机遇，迎难而上，为企业改革和社会发展挥洒汗水。

二、加强法治观教育

施工企业职工思想政治工作进行法治观教育，有利于施工企业形成稳定和谐的氛围，同时，也有利于加快社会主义现代化建设。因此，施工企业职工思想政治工作必须要进行法治观教育。

首先，加强法治教育。施工企业思想政治工作者在开展思想政治工作时，要通过各种方法宣传法律知识，帮助施工企业职工形成较强的法治意识，使施工企业职工知法于心、守法于行，在施工企业中建立良好的法治环境，保证施工企业顺利发展。

其次，进行社会主义民主教育。第一，要让施工企业职工认识到"什么是社会主义""什么是社会主义民主"以及"如何健全和完善社会主义民主"；第二，引导施工企业职工正确认识到社会主义民主是对人民民主和对敌人专政的统一，是民主与集中的统一，是民主与法治的统一；第三，要着力增强职工主人翁意识，推动职工群众知情权、参与权、表达权、监督权落实，依法参与企业各项事业。

三、加强职业道德观教育

在传统施工企业中，个别领导者为了追求经济效益，做一些不良行为。

在招标前请客送礼,在施工过程中偷工减料等,都是违背职业道德的错误行为。如果不对这些行为加以约束,可能会造成更严重的后果。因此,加强施工企业职工的职业道德观建设势在必行。

首先,要帮助施工企业职工树立爱岗敬业意识,"干一行,爱一行"。由于施工企业工作环境比较艰苦,部分施工企业职工在工作上产生懈怠心理,缺乏责任心和执行力,容易跳槽。因此,要教育引导施工企业职工树立爱岗敬业意识,调动施工企业职工的工作积极性和创造性,推动他们热爱自己的工作、弘扬"工匠精神",踏踏实实、任劳任怨地在本职工作中发挥自己的才能。

其次,要帮助施工企业职工树立职业平等观念。习近平总书记指出"人生本平等,职业无贵贱。"所有的工作只是工作对象的不同,不存在高低贵贱之分。无论从事什么行业,处于什么职位,只要尽自己努力取得成绩,都可以体现自己的个人价值,赢得他人的尊重和企业的认可。在施工企业中,工作条件往往较为艰苦,大部分职工都是在跟尘土打交道,给人的印象就是最底层的劳动者。一些受过高等教育的大学生,觉得这份工作不是自己理想中的体面工作,成天在尘土飞扬中工作,又脏又累,身体健康还可能会受到一定程度的影响,感觉自己矮别人一头;有些职工看到比自己工作环境舒适、待遇又好的人的时候,会萌生羡慕之情。上述这些人之所以有这样的想法,很大程度上在于没有正确看待自己的职业和地位。在施工企业中,不管是测量员还是资料员,是财务人员还是项目经理,虽然工作内容千差万别,但对于企业来说都是必不可少的,只要全身心投入工作中,用积极主动的热情去对待工作,充分发挥自己的优势和长处,就可以得到他人和社会的肯定,那种被瞧不起的现象是不存在的。

四、加强心理健康教育

与其他企业相比,施工企业是比较特殊的,工作流动性强、工作环境艰苦、工资待遇低,这些必然会使施工企业职工要承受更多、更重的心理压力,容易引发职工出现一些心理问题。这些问题如果不能得到调适解决,将影响工作效率、质量安全以及工程建设进度等。施工企业思想政治工作者必须加强职工心理健康教育，引导职工关注心理健康，保持积极、乐观向上的心态。

首先，要对施工企业职工加强改革形势教育。施工企业改革必然会带来一定的矛盾和问题，当前施工企业正处在由粗放型向集约化方向转变的时期，出现设备更换、人员调动、海外项目开拓、工程难度增大等一系列问题，这些问题易使施工企业职工产生一定的心理震荡。因此，通过加强施工企业改革形势的教育，让职工懂得施工企业改革是增加企业效益、提高市场竞争力的必由之路，让职工真正懂得改革给企业和个人带来的挑战与机遇，从而消除职工因企业改革而产生的一系列心理问题。

其次，加强施工企业职工入职前的本行业相关教育。一般来说，施工企业的人员流动性强，工作地点随着工程任务走，工作封闭枯燥，长年重复着从宿舍到工地"两点一线"的工作生活方式，以及每天都要重复成百上千遍的工作内容等。要采取有效方式，引导施工企业职工真正地认识、了解并接受施工行业，帮助他们做好心理准备，提升适应能力。

最后，加强施工企业职工的心理素质教育。引导职工通过自我调节或借助于其他方法解决工作和生活中出现的心理问题。

五、加强社会公德教育

新形势下，随着中国经济的蓬勃发展以及网络的广泛使用，部分西方思潮涌入，引发部分施工企业中出现一些不正之风、不讲社会公德的现象。因此，加强社会公德教育是提高施工企业职工文化素质和文明程度的基础性工作。

首先，要积极组织各种实践活动，在实践中培养职工树立社会公德意识和责任感。通过组织一些公益活动，慰问退休职工或帮助困难职工。例如，中铁十八局集团北京工程有限公司党委、工会、团委、项目部会定期组织职工到儿童福利院、养老院去慰问儿童、青年和老人，与他们沟通交流，帮助他们打扫卫生，送上慰问品。每年3月5日，组织青年团员，开展形式多样的青年志愿者活动，帮助社区、物业打扫卫生，清理垃圾、站岗执勤，学雷锋做好事。

其次，从小事做起，践行社会公德规范。古人云"勿以善小而不为，勿以恶小而为之"，要教育广大职工在日常的生活和工作中形成遵守社会公德的习惯。为了帮助企业职工养成良好的社会公德，可以在企业内部开展评选"文明职业"活动，发挥先进典型的模范作用，提高施工企业职工的道德素质，进而提升职工个人以及企业的良好形象。

六、加强婚恋观和家庭观教育

恋爱、婚姻、家庭是人类同一序列社会生活的三个阶段，是人类生活的重要内容。在施工企业中，普遍存在着"男多女少"的现象，由于工作性质具有特殊性，艰苦的工作环境往往不适合女性工作。因此，在施工企业中存在着男女比例严重失衡，男性较多，大龄男青年职工面临婚恋难等问题。

由于施工企业经常需要跟着项目走，项目到哪里人就要到哪里。对于已婚的职工来说，常年在工地，与家人聚少离多，无法履行婚姻家庭责任，容易受到妻子、儿女、父母的埋怨，职工感到工作和家庭之间两难全。虽然职工恋爱婚姻、家庭问题看上去是个人问题，但是企业如果不重视，长此以往，职工会对这份工作产生异样的情绪，可能会跳槽选择一份更适合自己，适合经营美好家庭关系的工作。对于施工企业来说，职工的出走无疑是一种损失，将影响企业的稳定发展。因此，无论对于已婚职工，还是未婚职工，都要引导他们积极树立正确的婚恋观和家庭观，借此维持企业的和谐稳定发展。

第一，要引导职工树立正确的婚恋观。要鼓励职工通过正确的方式积极大胆主动地恋爱。认识不到心仪的对象，有时间就让身边的亲朋好友多介绍，自己多见面，用心经营。同时，要科学处理爱情和工作的关系，不能因为谈恋爱而耽误了工作，要让爱情成为工作的内在动力。另外，施工企业为了帮助广大单身男职工解决个人问题，还可以联系其他企业，与其他女性职工较多的企业组织联谊会，双方共同解决职工的婚恋问题。

第二，要引导职工树立正确的家庭观。教育广大职工要多与家人沟通，主动承担赡养老人、抚养子女的责任。企业应在工作期间根据实际情况，合理安排职工回家探亲或者安排职工家属到工程项目部与职工团聚。

第三节　基层思想政治工作和企业文化的考核与监督

为建立完善施工企业党委工作目标管理责任体系，推动基层党组织认真落实党中央和上级党委关于加强党建工作的要求，要根据施工企业实际，加强对施工企业党组织思想政治工作和企业文化建设工作的考核与监督。

一、落实党建工作主体责任

施工企业党组织要认真落实党的二十大提出的新时代党建工作新目标、新任务。一是年初必须召开全体党员大会，专题研究部署本单位党的建设、党风廉政建设、反腐倡廉建设、宣传思想、意识形态、统战和群团工作年度重点任务，提出明确要求。施工企业党委要定期开展督促检查，确保基层党组织认真贯彻落实。二是其他班子成员主动思考和参与企业党的建设、党风廉政建设、反腐倡廉建设、宣传思想、意识形态、统战和群团工作，按照"一岗双责"要求，认真抓好分管业务领域、分管部门的工作落实。每个班子成员每年与分管部门负责人就了解党建工作存在问题和困难、督促党建工作任务落实情况谈话不少于10人次。

二、贯彻党建工作重大部署

一是全面学习宣传二十大精神，认真贯彻落实习近平总书记关于国有企业党的建设工作的重要论述精神。要确保做到"五个到位"和做好"四个结合"。二是继续学习贯彻好全国国有企业党的建设工作会议精神。教育引导广大党员、干部和职工充分认识党组织在国有企业中的法定地位和领导作用。三是按照中央要求抓好党内重大教育活动。要持续推进"两学一做"学习教育常态化、制度化，通过坚持"三会一课"制度，引导广大党员干部和职工深刻领会习近平新时代中国特色社会主义思想。四是抓好企业党委部署的党建重点工作任务的落实。各项目党组织要结合项目实际，切实抓好各项重点工作任务的有效落实。

三、健全发挥作用工作机制

一是始终坚持党对企业的领导。各级党组织要坚决落实《中国共产党章程》的规定要求,确保党委在企业治理体系中发挥领导作用,严格落实"三重一大"决策机制,充分发挥党委把方向、管大局、保落实的作用。二是健全完善党委议事规则。按照中央"四个对接"要求,修改完善党委议事规则,进一步确立党委讨论研究作为经理层研究决定重大事项前置程序的工作机制,明确党委先行研究企业重大事项前置程序的内容、程序和方式,从制度层面确保党委通过有效参与企业重大事项决策发挥领导作用。同步修改总经理工作细则,做好经理层研究决定企业重大问题前应当听取党委意见建议的机制对接。三是研究讨论企业改革发展和生产经营重大事项决策。党委在按照从严治党要求研究决定党建工作议题的同时,必须前置研究讨论重大问题和重大生产经营管理事项,以集体研究形成决议的方式向经理层提出意见,通过积极参与企业改革发展和生产经营管理重大事项的决策,使党委的领导作用得以充分有效发挥。

四、夯实基层党建工作基础

一是按照"四个同步"原则要求,建立健全基层党组织,做到党的组织和党的工作全覆盖。二是按照能够优质高效完成企业党建和组织建设业务工作的原则,配足配强党建部门工作人员。三是建立健全党建工作基本制度。建立完善《党委中心组学习制度》《党委议事规则》《"三重一大"决策制度》《"三会一课"制度》《党建工作责任制实施办法》《党建工作考核制度》《领导班子成员党建工作联系点制度》等党建工作基本制度,为党建工作制度化、规范化、常态化奠定制度基础。四是扩大党内基层民主,推进党务公开,畅通党员参与党内事务、监督党的组织和干部、向上级党组织提出意见建议的渠道。五是建立完善党建工作考核评价体系。把对下属单位党组织党建工作情况的考核结果统一纳入其领导班子的绩效考核中。六是落实党建工作经费。根据《中共中央组织部、财政部、国务院国资委党委、国家税务总局关于国有企业党组织工作经费问题的通知》(组通字〔2017〕38号)要求,按照上年度职工工资总额1%比例提留费用，专门用于企业党建工作。七是深入开展基层示范党支部创建活动，全面提升基层党支部工作水平。

五、加强领导班子自身建设

一是坚持党委中心组学习制度。健全学习组织，制定学习制度。党委书记压实中心组学习第一责任人责任。通过加强和改进党委中心组学习内容和学习方式，提升政治素养，强化理论武装。集中学习时间每年不少于12次，不少于48学时，要确保学习形式丰富多彩，学习过程务实扎实，学习档案标准规范，学习效果有力有效。班子成员每月自学时间不少于10小时，每年到基层调研不少于30天，结合本职工作，每年至少撰写一篇5000字以上的调研文章，并注重成果转化。二是牢固树立"四个意识"，坚定"四个自信"，做到"两个维护"。三是坚持民主集中制原则，领导班子对企业的"三重一大"事项加强会前沟通磋商，坚持会议集体决策，明确责任分工，加强团结协作，高标准完成各自承担的工作，充分发挥班子整体功能。四是严格党内政治生活，认真贯彻《关于新形势下党内政治生活的若干准则》《中国共产党党内监督条例》，组织开好年度民主生活会、组织生活会、民主评议党员等工作。

六、切实做好选人用人工作

一是坚持党管干部原则，坚持德才兼备、以德为先，严格标准条件。健全和完善以党委书记碰头会为前置程序、党委常委会研究决定干部任免的选人用人机制，确保党组织在选人用人上的领导和把关作用。二是坚持正确选人用人导向，学习贯彻中央选人用人的方针政策和最新精神，严格执行上级党组织和企业党委关于选人用人规定，按照管理权限建立健全选人用人制度，按照规定的标准和程序选拔使用优秀干部。三是加大后备干部的选拔、培养和使用。及时发现、储备年轻干部，建立后备干部人才库，注重在基层一线和困难艰苦的地方培养锻炼年轻干部，及时将条件成熟、工作业绩突出的优秀干部选拔到领导岗位。四是开展经常性谈心谈话活动。党政主管要经常与党委所管理的干部谈心谈话，以达到交换意见、沟通交流思想、针对问题提醒、及时改进工作的目的。五是加强对干部的监督管理。严厉惩戒毫无担当、不敢作为、损公肥私、违规违纪的干部。

七、加强宣传思想文化建设

一是深入学习宣传贯彻党的二十大精神和习近平新时代中国特色社会主义思想，以党委中心组学习为龙头，抓好专题研讨，做好对下督查，开展严谨准确、生动鲜活、深入人心的学习宣传。二是认真落实意识形态工作责任制。加强阵地管理，确保意识形态领域安全。三是培育和践行社会主义核心价值观。继续推进"道德讲堂"建设、诚信企业建设、公民道德建设和志愿服务活动，每年至少选树一名有影响力的先进典型，每年至少开展一次"道德讲堂"活动，每年至少组织两次公益性志愿服务活动，群众性精神文明创建活动扎实开展。争创省市级"文明单位"和"全国文明单位"，按照文明单位评比细则开展各项工作。积极推荐省部级好人、中国好人或文明家庭。全面推进精神文明建设。抓好形势任务教育，联系干部职工思想实际和工作实际，联系企业改革发展和党建各项工作，每年至少组织一次大型的形势任务教育活动，覆盖面达到100%。每季度至少要组织一次机关干部职工集中学习。围绕企业发展目标，统一思想，一致行动。四是持续深化企业文化建设。以项目、班组为重点，以推行"四个统一"为主要抓手，形成企业统一的视觉识别系统。深入推进企业管理文化、经营文化、执行文化、廉洁文化和人本文化建设。聚焦企业中心工作开展政研课题研究，发挥政研会智库作用，每年在省、市至少有一篇理论成果；五是做好新闻宣传和舆情处置工作。围绕企业重点人物、重要事件、重大项目，组织主流媒体开展正面宣传。强化舆情监测研判处置工作，积极与当地宣传部门对接，避免重大负面舆情。加强和创新自有媒体平台建设。

八、持续抓好纪律建设

一是把党的政治建设摆在首位。企业党委要承担起政治建设的主体责任，党委书记要落实"第一责任人"责任，把保证服从党中央决定、坚持党中央权威和集中统一领导作为党的政治建设的首要任务。二是切实强化党内监督。支持纪检监察组织履行监督责任，加强对同级党组织及班子成员的监督。坚定不移转职能、转方式、转作风，配齐配强纪检监察干部；落实纪委书记不分管与监督无关工作的要求，打造忠诚、干净、担当的纪检监察干部队伍。支持纪委按程序受理、核实信访举报及问题线索。通过切实抓好《党委议事规则》和"三重一大"集体决策制度，党员领导干部任前廉政谈话、述职述廉、个人有关事项报告、违纪违规问题函询约谈和诫勉谈话等制度的有效落实，强化对党员领导干部的日常监督。党风廉政建设目标责任书签订率达100%，并适时开展对落实情况的检查考核。建立健全"一岗双责"制度，梳理明确总部部门负责人及以上人员的责任清单。结合本单位实际，开展廉洁风险防控工作。三是锲而不舍地贯彻落实中央八项规定。坚持以上率下，巩固拓展落实中央八项规定成果。继续保持定力和韧劲，以钉钉子精神驰而不息地纠正"四风"。四是推进巡察向纵深发展。对上级党组织巡察发现并反馈的问题，按照规定的时限抓好整改，及时向上级党组织报告整改结果。五是做好对下属单位的巡察工作，专项巡察项目（或基层单位）数量要达到当年项目总数的20%以上。六是全面加强党的纪律建设。突出党纪教育的特点，积极开展经常性纪律教育。七是保持高压态势，强化"不敢腐"的震慑。继续做好亏损项目和重大安全质量事故责任追究，持续加大力度整治基层项目中的不正之风和违纪违规问题，确保工程项目规范安全运行，增强职工群众的获得感。严格落实"一案两报告"和"一案双查"制度。

九、加强对群团工作的领导

一是年初必须召开党委（常委）会议。研究部署群团工作，同时，每年至少听取一次工会、共青团工作情况汇报，及时指导解决工作中遇到的问题。二是及时配备补充群团干部。按照《工会法》和《中国工会章程》规定，确保工会组织全覆盖，新成立单位及时组建工会组织，建会率达到100%。单位工会、团组织负责人随缺随补、并按照能够优质高效完成工作的原则，配足配强工作人员。调整群团组织负责人时要征求上级组织意见。三是领导和支持工会组织推进民主管理。不折不扣落实集体协商、领导干部述职、民主评议领导干部等工作，不断提高职代会召开质量；落实企务公开制度，支持开展职工代表巡视质询工作。四是高度重视维护职工合法权益。确保职工收入与企业效益同步增长，落实好职工休息休假和健康体检制度。深入实施"送温暖"工程，认真落实"三不让"帮扶救助。高度重视劳动保护，加强安全投入，加强工会安全监督检查员队伍建设，有效保障职工职业安全健康。五是领导和支持共青团组织做好"推优入党"工作。六是为群团工作提供经费保障。工会经费及时足额拨付，当年拨付率和兑现率达100%。落实团组织书记待遇问题，全面落实项目兼职工会干部和各级团组织书记岗位津贴。

第七章 施工企业思想政治工作中的现状与问题分析

第一节 施工企业思想政治工作的现状——良好方面

一、职工主人翁意识增强

主人翁精神，即职工当家作主的精神，让所有职工有参与的意识。包括职工积极参与企业的各项活动；有真心的奉献意识；有把自己的身心全部付出给企业的高尚情操；有明显的效益意识；有强烈的竞争意识；有积极为所在企业追求利润而努力的精神状态；有积极的创新意识；不断努力开拓新业务范围的思维活动。

在工作与生活中，施工企业职工思想得到发展，主人翁意识增强。科学技术的巨大进步，为行业的发展提供了更大的空间。工作的精细化、专业化、标准化对职工的素质要求提高，职工所具备的专业知识必须能够满足行业发展的需要。为适应施工企业改革需要，不在激烈的竞争中被淘汰，在企业站稳脚跟，职工形成了良好的学习精神，锐意进取、不断创新，为企业的发展提供源源不断的动力。施工企业职工思想观念的发展与进步，使得工作、学风逐渐进步，广大职工对行业、企业未来的发展也充满了信心和希望。

大部分职工心中的目标与企业目标相一致，集体利益与个人利益相协调，职工对企业的使命感、责任感更加强烈。以企业主人的视角理顺企业内部生产关系，外部经营关系；以集体努力的思想基础，完全调动职工工作积极性，增强企业的凝聚力、创造力，挖掘全体职工的潜能，使得企业越来越适应市场经济这个大环境。另外，职工主动参与到企业的经营与建设中，能够更好地体会到市场经济的迅猛发展所带来的危机感和责任感，由此对行业前景及发展的关切度不断提高。其中，最明显的表现之一就是职工主动参与对管理层的评判，参与企业未来发展的决策，对企业前途更为关切，充分体现了行业发展与自身利益紧密联系的意义。

二、职工思想统一

思想政治工作的重中之重是思想的统一，只有广大职工认同我们党和国家的路线、方针、政策，才能有效开展工作。

自改革开放以来，我国经济的迅速发展是有目共睹的。在市场经济的背景下，有着优良传统的施工企业获得了巨大的成就，老职工们也一同见证了企业的成长。施工企业职工深深明白，要坚定不移地执行我们党和国家的路线、方针、政策，改革创新可以带动企业的蓬勃发展。因此，当在企业面临前所未有的改革时，职工依然选择坚定地服从党和国家的政策。随着国际、国内市场竞争的日趋激烈和行业改革的日趋深入，职工的观念也发生了改变，对于改革的前景也充满信心。许多职工都能认识到"事业转企、进入市场、减员增效、实施全球化战略"是行业改革增效的必由之路。

在工作和生活中，职工们拥护党的领导，表现出强烈的爱国主义精神。在工作观念上更能珍惜现在的职业和岗位，激发爱岗敬业的精神，还能合理地根据自己的特长、专业等选择岗位。大多数职工都能意识到，只有坚持我们党和国家的根本方针政策不动摇，国家的综合国力持续增强，这样才能提高我国在国际上的声望和地位，人民群众才能过上真正幸福安定的好日子。

三、职工进取的精神

进取的精神，是要在任何情况下都不退缩，并经得住考验。这种考验包含着意志品质、精神品质的较量。精神世界强大的人勇于开拓创新，遇到困难不屈服，遇到难题肯钻研。有了"互动"精神，工作效率也会提高。

施工企业作为一个艰苦的行业，需要企业职工拥有非凡的进取精神。因为施工企业面临的环境大多是非常艰苦的，十分考验人的意志力和顽强拼搏的精神。正是在这些进取之人的努力下，我们生活中才能出现一座座惠民工程。另外，施工企业的工作是一项需要大家合力完成的工作，一个团队就是一个大家庭，每一位成员团结在一起组成了这个大家庭。归根结底，一个企业里的职工的精神状态、技能、工作热情，决定了这个企业能做多大、走多远。所以，我们在做好管理队伍、技术队伍建设的同时，还要在职工中形成一种相互学习、相互帮助又不甘技术落后的进取精神。

当前，一些施工企业引进人才困难，技术人员缺口很大甚至出现了断层现象。这更要求我们广大职工不断进步，进而形成一种弘扬先进、激励后进、互相促进的良好氛围。只有具有积极的进取精神，才能让施工企业造就一支有高度责任心、强烈进取心和熟练劳动技能的高素质职工队伍，在日益激励的行业竞争中争取到主动权。

四、关心一线职工是工作的重点

由于施工企业的特殊性，职工工作环境大多是在野外，工作环境十分艰苦，施工企业思想政治工作者体现以人为本的工作思想，十分关心职工生活，时常给一线职工家庭送温暖。施工企业思想政治工作者会为一线职工及时补充各类粮食、蔬菜、水果、洗浴用品、安全防护用具等。坚持每年在寒冬为一线职工送去温暖，在炎夏为一线职工送去清凉，使他们有"家"一般的感觉。

在日常工作中，施工企业时时把关爱一线职工放在首位，处处为职工着想，不断改善职工工作和生活环境，提高一线职工生活待遇，帮助职工解决生活中的紧迫问题。当职工遇到生活困难需要帮助解决时，党员领导干部带头及时帮助他们渡过难关。施工企业不但对职工生活给予帮助，还丰富了职工的业余文化生活，并进行理想信念教育。各种文体活动由于企业领导重视，职工积极参与，陶冶了职工情操，充实了职工生活，使职工切实拥有归属感。

动真情、办实事，是施工企业的工作传统，平时一线职业工作忙，本着对社会和职工极端负责的态度，施工企业组织职工每年体检，关心职工身体健康，用真情和爱去营造"团结、友爱、融洽"的氛围。

第二节 施工企业思想政治工作中存在的问题

在新形势下，施工企业思想政治工作面临很多我们认知范围之外或者从未遇到过的问题，虽然党的十八大以来，在全面从严治党的新常态下，我们的党建工作已经有了长足的进步，但仍存在很多不足。面对新情况和新局面，为了有效地解决这些问题，首先我们要认识到问题存在的原因。尤其是发现了思想上的问题，却没有及时得到合理的沟通疏导，这将对整个施工企业的未来发展埋下隐患。

一、职工对思想政治工作的认识不够全面

在新形势下，思想政治工作将面临很多不在我们认知范围内的新情况和新问题，要将这项工作做得扎实有力，更要确保工作能够真正落到实处，使得思想政治工作顺利进入管理工作的主通道。

随着经济全球化和信息网络化的迅速发展，以及我国对外开放的程度和范围进一步扩大，人的个性和独立特征正在变得日益明显，前所未有地得到强化，人与人之间、人与社会之间的各种矛盾也日益显现。人们的生活方式，信息传播渠道等方面已经改变。新形势下，必然会出现新情况和新问题，这给施工企业的思想政治工作提出了更高、更严的要求，工作的难度和强度也将增大。

总的来说，施工企业思想政治工作认识不足的原因在于以下几个方面。

1.经济替代论

在施工企业当中，有的领导认为，只要把经济效益搞上去了，其他方面自然而然就能干好，因此，低估了思想政治工作的重要性。而一些党员干部又认为思想政治工作是一块难啃的硬骨头，老办法没有用，新办法又不会，导致思想政治工作的感染力和说服力被弱化。

经济建设是施工企业的核心任务，为了圆满完成这一重要任务，首先要做的事情就是完成思想政治工作。与此同时，思想政治工作的具体实施还要

根据职工在具体生产经营活动中的实际状况来评定。目前，虽然施工企业的经济发展势头呈现平稳态势，但是，从长期看来，若不重视对企业职工的思想政治工作，将影响企业的长足发展。总而言之，施工企业的思想政治工作仍旧存在一部分亟待解决的问题。一是一线职工认为，思想政治工作软弱无力，不能有效融入生产经营活动中来。造成这种现象的原因是思想政治工作庞杂，没有形成一个系统科学的治理体系。二是思想政治工作在企业经济建设中的地位没有明确规定，这种重经济、轻思想，一手硬一手软的做法，导致一部分党员干部没有真正做到"党说什么就要做什么"，对思想政治工作急功近利、形式主义，需要用到的时候才赶忙拾起来的做法屡见不鲜。三是思想政治工作没有成为职工日常的一项工作，这种思想上的信仰危机是十分严重的。四是一部分党员干部没有发挥模范带头作用，没有将思想政治工作和经济工作结合运用，仍把经济建设工作作为单一的发展目标。

总之，施工企业不能将思想政治工作与经济建设工作脱离，只有将二者成功结合到一起，将思想政治工作贯穿于经营发展建设始终，确保生产经营的每一项活动、每一个环节都要体现思想政治工作的原则，让思想政治工作始终发光发热。

2. 信息化影响

随着互联网时代的到来，高科技的迅猛发展，以互联网为标志的信息媒体影响正在不断扩大，人们获取信息的渠道更加多元化、更加便捷，也更加广泛。但是，这种信息的传播具有两面性，它既可以传播正面信息，也可以传播消极信息，给人们带来不良的思想影响。

信息化在施工企业生产和研究活动当中占据着重要的地位，并发挥着举足轻重的作用，成为推动行业发展的重要推动力。与此同时，也为施工企业的思想政治工作带来了历史性的机遇与挑战。为了迎接这项挑战，要更好地将信息化与思想政治工作相结合，从而推动施工企业思想政治工作与时俱进。

信息化的普及可能会影响施工企业职工的身心健康，出现各种各样的心理问题，甚至在思想上出现道德滑坡、思想淡化、不负责任等问题，这些变化都对施工企业思想政治工作提出了更加复杂的挑战。同时，信息化的迅速发展又给思想政治工作提供了新方式、新内容和新方法。互联网的快速发展，使得传统面对面的教育方式显现出不足。传统教育方式受到了环境、地点、时间等方面的限制，而互联网则能让职工通过很多渠道接触到各种不同的思想观念，职工的眼界随之提高。加之信息传播速度加快，职工的思想动态又很难尽快让思想政治工作者发觉，通过传统的谈话方式已经不能充分了解职工的情绪，这为有针对性地进行思想政治工作增加了困难。

因此，我们要正确看待信息化社会的两面性，既能够看到它给职工的学习和生活带来的便利，如提供了多种选择途径，为职工交流提供了方便渠道等，也要看到它给我们带来的负面影响。如何充分利用施工企业思想政治工作的特点，处理好信息网格化对思想政治工作的继承与发展，更好发挥思想政治的功能，准备迎接信息化给我们带来的新挑战，是当前施工企业思想政治工作亟待解决的问题。

二、思想政治工作创新不足

随着施工企业改革的不断深入，中国的经济体制和社会条件发生了深刻的变化，如经济成分的多元化、利益主体、社会生活、社会组织形式、就业分配的多样化等。社会的这些复杂而又深刻的变化，使得思想政治工作面临更多的新问题。如何把握施工企业职工的思想脉搏，弘扬主旋律，正确引导广大职工群众，形成一个健康的心态，创造一个健康、文明的施工环境，思想政治工作应起到积极的作用。

我们发现，思想政治工作的创新不足是施工企业思想政治工作开展的新障碍，如果不能有效解决，将会导致企业发展停滞不前。

1. 创新观念不足

创新的观念是施工企业思想政治工作发展创新的核心，必须努力打破僵化的思维，使其与改革创新相适应，不断加强开拓创新理念的勇气。当前，施工企业中的某些部门发展停滞不前，关键在于思想观念比较僵化，影响创新。因此，思想政治工作创新精神的首要任务就是树立与改革创新相适应的思想理念。

施工企业思想政治工作想法保守，观念不敢突破，做法故步自封，局限于过去的经验、惯性思维，不能及时发现新情况、新问题，对新事物敏感度不足。职工习惯于不动脑子，遇到事情只是凭借过去的经验解决问题，或者是翻书以求解决之法，没有"改革谋突破、创新求发展"的冲劲。加之畏高惧难的思想，不敢迎接挑战。面对创新难题，缺乏信心、妄自菲薄，认为创新太难，可望不可即，个人能力缺乏等。没有大力开拓创新，争当第一的勇气，更没有共克时艰的决心。

"思路决定出路，观念决定行动。"面对行业改革，施工企业建设中最薄弱的环节就是思想政治工作，最缺乏的能力是观念创新，最需要转变的是观念，最应当提高的是创新精神。因此，广大职工应该更新观念，努力感受创新带给我们的巨大力量。

2. 创新方法不足

施工企业思想政治工作的方法过于陈旧，形式仅限于通过召开会议、阅读文件、办板报等单一方式，没有真正实现理论和实践的结合，没有真正触及思想灵魂。思想政治工作在开展之前没有做好准备工作，思想政治工作者不清楚职工们都在想些什么，他们真实的需求是什么，自然激发不了职工的学习兴趣。以往那种"一锅端"的现象要坚决杜绝，这种做法不能做到因人、因事的不同来开展工作。行政命令多、以理服人少；填鸭教育多、自觉学习少；用一本书一份报纸，照本宣科的多，利用现代化手段，实现教育互动的少，这些严重影响了思想政治工作的效率。

因此，在新形势下，施工企业的思想政治工作要改变以往陈旧的工作方式，摒弃单纯灌输式的填鸭教育，适应新时代思想政治工作的新特点。施工企业思想政治工作者必须探索和采取新的方式方法，采用各种喜闻乐见、生动活泼的形式吸引职工积极参与，在思想上潜移默化地引领职工前进。职工是思想政治工作的主要目标，思想政治工作者不能说不切实际的大话，也不能一味严肃地说一些简单枯燥的大道理，这样不但达不到思想政治工作的目的，反而会引起反感甚至冲突。党员干部可以从多方面、多层次发掘与政治思想工作有关的资料，并对这些资料进行整理加工，用幽默小品、对口相声、通俗歌曲、流畅快板等生动活泼、喜闻乐见的艺术形式呈现给职工，使思想政治工作方法多元化的思想政治工作要全行业齐抓共管，拉近与职工群众的距离感，贴近职工群众的生活，继而增强思想政治工作的实效性。

三、思想政治工作者队伍建设需要加强

社会经济蓬勃发展，对思想政治工作者提出了更高的要求，与时俱进、及时更新换代，是当前思想政治工作者需要面对的问题之一。我们都知道思想政治工作是一项集思想、道德、科学、政策等于一体的综合性工作，由于其超强的综合性，必须培育一支具有超强使命感、责任感，具备专业知识、年富力强的队伍来提供组织保障。在这支队伍的推动下，施工企业的各个方面、各个环节都能有思想政治工作的参与，用一股无形的力量将整个企业整合起来，形成一种凝聚力与向心力，引导企业和谐发展。

1.思想政治工作者素质需要提高

首先，政治立场不够坚定。经济的发展为施工企业思想政治工作增加了新的内容和新的方式，但与此同时也带来新的问题。一方面，互联网上的信息复杂多样，有精华也有糟粕，加之传播区域广泛，变化性很大且不易控制，这种情况加大了人们辨别是非、真伪的复杂性、多重性。另一方面，西方发达国家在信息化发展的过程中，不断推销自己的价值观、意识形态和社会文化，让我国互联网的思想防线面临更加严峻的挑战。一部分思想政治觉悟不高的人对西方的价值观念和社会制度盲目崇信，对社会主义制度、价值理念的信仰不坚定。在思想斗争和文化价值冲突中，有的施工企业思想政治工作者在严峻的形势面前，政治立场摇摆不定。

其次，文化知识较为贫乏。新形势下，经济快速发展，网络信息传播速度加快，人们可以借助网络技术了解到各种消息，因此，传统思想政治工作本身的信息优势逐步丧失。面对这样一种情况，没有受到过系统电脑或网络教育的思想政治工作者无所适从，缺乏捕捉信息的敏锐度，不能紧跟飞速发展的计算机和网络科技，指导绝大多数中青年职工的信息控制和行为指导能力有所减弱。

再次，知识结构比较单一。思想政治工作和政治学、法学、哲学、文学、伦理、心理学以及艺术等学科有着密不可分的联系。因此，优秀的思想政治工作者应该是"多面手"，而且要不断更新知识、扩展知识面。但是由于种种原因，不少施工企业思想政治工作者的知识结构相对单一，不主动了解网

络文化、文学和艺术的新思想、新现象,从而失去与职工沟通的重要渠道。

最后,工作不够投入。主要表现为缺乏对工作的责任心,缺乏实事求是的精神,做表面文章,对待思想政治工作往往流于形式,浮于表面。缺乏对工作的成就感,缺乏吃苦耐劳的精神,对于难啃的硬骨头,往往消极对待,不主动、不作为,这是一种缺乏责任感的态度。有些思想政治工作者不注重学习,不深入调查研究,不认真学习新对策,使思想政治工作落后于社会的发展,何谈成绩一说。

2.思想政治工作者工作制度不完善

随着经济发展,社会信息化加快,施工企业职工的知识结构和知识层次发生了很大的变化,一些传统的教育内容、形式、方法已不适应新时期思想政治工作,而且现实工作、生活中新的情况和新的问题又层出不穷,有些问题又比过去复杂。因此,想要单纯地依靠思想政治工作者个人的力量,很难抓住问题的关键和实质,更难以正确地回答和处理问题,这就需要对思想政治工作者加强教育和培训。

施工企业要对思想政治工作者加强培训,全面讲解思想政治工作中普遍存在的疑惑。同时,在培训中,让思想政治工作者加强学习和交流,在学习和交流中探索新思路、新方法。然而,由于受传统观念的限制,一些施工企业对思想政治工作者的培训、激励制度仍然停留在原有的基础上。明明思想政治工作对专业及知识要求都较强,需要思想政治工作者知识渊博、基础扎实,有较强的接受新鲜事物的能力,但由于施工企业本身对思想政治工作者业务知识的教育问题没有提高重视,使得许多思想政治工作者的专业水平和业务能力不能适应当前复杂的环境,思想政治工作的效果自然也难以得到提高。

在市场经济条件下,利益驱动也在一定程度上影响着思想政治工作者。思想政治工作者辛勤地工作在一线,耐心细致地做着思想政治工作,自己的工作待遇却没有得到应有的增长。长期看来,不仅挫伤了思想政治工作者的积极性,还削弱了思想政治工作的影响力,使思想政治工作的优越性难以完全发挥。因此,加强思想政治工作的说服力和吸引力,应注重对思想政治工作者的利益激励,建立思想政治工作者的激励机制是改善现状的方法之一。

四、思想政治工作未与企业文化实现共生

在现代企业管理中，思想政治工作和企业文化对企业精神文明建设起着双重作用。目前，企业管理者必须努力解决的问题是正确把握思想政治工作和企业文化之间的关系，使其相互促进。

施工企业思想政治工作要姿态端正，紧密结合行业实际，审时度势与企业文化建设共生。这样做可以有效克服思想政治工作脱离企业生产经营实际的现状，增强思想政治工作的有效性和针对性。施工企业处于大变革阶段，在开放程度日益加深、知识经济快速发展的同时，出现了各种新观念、新思路和新方法，这会对企业职工的思想产生较大的影响。企业文化作为一种无形的资产，它培育了企业的核心价值观，能够扩大自己的知名度，同时凝聚职工，塑造企业形象，加强管理，提高企业的竞争力。企业文化是企业参与国际竞争、行业竞赛的重要手段，国内和国际著名的大集团、大企业，都有其独特的、优秀的企业文化。积极地树立符合时代特征和企业现状的优秀企业文化，充分发挥企业文化的引领、教导、激励、示范与约束作用，能够大大提高思想政治工作的吸引力、感染力及时代特征。

部分施工企业还没有充分认识到企业文化的作用和地位，以及企业文化的战略性本质和内涵。特别是在实际中，还出现了一些偏差、误区，主要体现在以下几个方面。

第一，狭义化，企业文化被认定为思想政治工作或一般的文化运动，导致企业文化的形成只停留在一个单一方面。第二，扩大化，企业文化被看作是企业管理，把企业文化完全等同于企业所有的经营及管理活动；企业文化成为一个杂货铺，什么东西都能往里面放。第三，形式化，热衷做表面功夫，认为一些时尚的口号就是开展企业文化建设的表现。第四，工作化，企业文化的基础没有实际的运作机制，只是思想政治工作的编外任务，经营领导不介入、不重视，没有使企业文化建设融入企业发展总体战略。第五，盲目化，热衷于生搬硬套，缺乏对企业文化建设深入的探讨。虽然施工企业有十分严格的规定和制度，特别是在安全制度方面更是十分完善，但是对企业文化建设宣传不够，基层管理人员和职工体会不深，没有形成全体职工的共识。

五、思想政治工作评价困难

虽然社会在发展、科技在进步，然而少数施工企业的思想政治工作建设却停滞不前。那种只强调奉献的功利激励方法，已不适应企业以经济技术指标为依据，数字集成、高度量化为特征的经济实体的现状。应该从抓好"生产力"入手，选择合适途径，对施工企业思想政治工作的考核评价方法进行创新研究，从而完善施工企业思想政治工作的内容方法及激励方式，把施工企业的思想政治工作提升到新层面。

1. 评价指标模糊，造成评价基础薄弱

第一，施工企业思想政治工作考核评价标准存在模糊性和多样性。由于很长一段时间，施工企业在开展思想政治工作的时候，都把思想政治工作与企业文化建设或者是精神文明建设融合在一起，加之许多施工企业在市场经济的指导下，想要做的是实实在在的物质生产，因此，思想政治工作并没有与其他建设划分清晰的界限。这样就导致在思想政治工作考核方面，存在评价标准模糊、多样的情况。第二，软性的思想政治工作指标无法与硬性的生产经营指标相提并论，使得职工进行双重评价也是在所难免。

2. 评价方式单一，造成评价有失公允

目前，施工企业思想政治工作的评价方式，确实存在着"三多三少"三个方面问题。

一是定性评价较多，定量评价较少；二是工作评价较多，成果评价较少；三是精神评价较多，价值评价较少。虽然施工企业在考核上进行了不少创新，在定性指标定量化或尽量采用定量指标上做了许多有益的探索，但量化面仍然不够。对思想政治工作的评价总是就其本身而言的，并没有放到企业生产经营的整体中去评价。最终，虽然大家一起为企业发展努力，有统一的目标，工作过程中也很卖力，其评价结果却依然是"两层皮"。例如：思想政治工作的评价一般都仅限于精神层次，即"吃苦耐劳""关心群众""以身作则"之类的评价。看上去这类评价是对一个人的表扬，是对一个人的肯定，但是，这些评价却无法像生产一样能够拿到价值的天平上称重。如此巨大的精神贡献在企业经营中的价值依旧无法衡量，挫伤了积极性，甚至没有人愿意去做。

长此以往，思想政治工作说起来和做起来不一样，而且在整个生产经营中得不到公允的评价。

第三节 施工企业思想政治工作问题的解决措施

一、加强施工企业领导对思想政治工作的重视程度

新形势下，施工企业要求企业领导能够保障企业的可持续性发展，掌握科学的管理方法，重视企业人力资源的吸纳与开发，以及建立良好的企业文化。可以说，施工企业领导在企业发展中具有举足轻重的作用。

（一）转变部分施工企业领导的陈旧观念

施工企业以盈利作为根本目的，能够提高经济效益和保障生产安全是相互对立却又统一的关系。由于施工企业的工作环境差，还对人身的自由有一定限制，时常需要职工跟着项目走，有家有业的人才也可能会因为以上原因离职，造成这一行业人员流动性非常大。因此，为了保证企业的健康发展，不能单纯只注重生产效益的提高，还要重视思想政治工作，注重安全生产环境。

关于安全生产和经济效益之间的矛盾问题一直存在，大部分施工企业都比较重视安全生产的投入；不过，也有一些小型的非正规企业过于追求短期的经济效益，忽视了安全生产的投入，以侥幸的心理开展施工作业，忽视职工的生命健康安全，企业自身的正常经营就陷入了僵局，安全事故的发生直接影响企业综合效益的提升，这就需要施工企业领导转变思想观念。

施工企业领导要转变唯经济论的观念，应从职工的实际需要和现实状况出发，在追求经济利益和企业发展的同时，多为企业职工的生命安全着想，努力为其创造一个良好的工作环境。同时，企业领导树立并坚持以人为本的工作理念，通过不断改善职工的工作环境、生活环境等，让职工对企业文化认可、对领导权威信服，从而调动自身工作的积极性。施工企业经济的发展并不是简单依靠督促生产、不停作业，而是靠营造良好、健康的企业文化、

企业氛围让职工主动为企业创造价值，如此长久发展，施工企业的经济收入才会呈现良性增长。

（二）提高思想政治工作在施工企业中的地位

思想政治工作是我们党在企业宣传党的路线、方针、政策的重要手段，加强施工企业职工思想政治工作，对施工企业自身发展和促进社会和谐稳定具有重要作用和意义。

首先，在施工企业改制过程中，我们不仅要改革相关的制度、政策、经营管理手段和方式，也要改革施工企业思想政治工作的内容、思路、方式、方法等，通过思想政治工作的创新，发挥其为企业发展服务的作用。其次，思想政治工作和经营管理工作相互渗透、共同作用，有利于规范企业生产经营管理。最后，施工企业领导要具备"两手抓"能力，发展经济和提高职工思想道德素质二者不能偏废，通过积极引导，帮助职工树立正确的职业价值观和道德观。

总之，思想政治工作要与施工企业改革发展同步进行。在市场经济中，实现经济效益最大化是施工企业的第一要务，思想政治工作自然也不能脱离施工企业发展这一中心任务，必须围绕和服从、服务于施工企业发展规划。因此，在开展施工企业思想政治工作过程中，应该把思想政治工作与经济工作高度结合起来，不断提高思想政治工作的地位，让思想政治工作深入贯穿于施工企业各项活动中，做到思想政治工作与经济工作有机融合。

二、强化思想政治工作者队伍建设

施工企业思想政治工作队伍是维护企业发展的核心力量，思想政治工作者具有一定的导向作用。如果思想政治工作者的政治思想正确，会给企业其他职工树立模范榜样，引导其他职工学习榜样为企业发展而努力奋斗。因此，做好企业思想政治工作，建立一支政治意识坚定、理论素养高的思想政治工作者队伍，对于企业在激烈的市场竞争环境下获得竞争优势具有重要作用。

（一）提高思想政治工作者的地位

思想政治工作是我们党的"传家宝"。随着施工企业改革的不断深入，思想政治工作在企业发展中的作用不断凸显，培养一支高素质的思想政治工作者队伍，只有做好施工企业思想政治工作，才能做好施工企业在新时期的改革工作。解放职工思想，拓宽市场，充分发挥人才强企的效用，同时，有利于优化施工企业的经营和运行工作。

虽然思想政治工作在施工企业发展过程中发挥着十分重要的作用，但是在部分企业中却没有引起领导层的高度重视，这就导致现阶段在部分施工企业中存在一种思想政治工作浮于表面的现象。有的施工企业思想政治工作者在施工企业中的地位不高，虽然组织赋予了自己教育其他职工的权利，但是职工本身能不能听从却是一个大问题。久而久之，思想政治工作者的工作进度和成效没有取得很大进展，逐渐也就丧失了工作的热情与决心，对自己岗位的热爱逐渐减弱。加上部分施工企业对思想政治工作者的政治素质、理论修养等综合素质没有做过多要求，导致思想政治工作者队伍综合素质较低，形成一个恶性循环状态。对此，笔者对该问题提出自己的意见和建议：

第一，建立有效的思想政治工作保障制度。一些施工企业由于过分追求经济效益，而忽视了思想政治工作。思想政治工作不能立即产生经济效益的特性，导致一些施工企业对思想政治工作不重视，对于开展思想政治工作没有制定严格的规章制度来保障其实施，领导的不重视又导致思想政治工作不到位。因此，要提高思想政治工作者队伍的地位，就必须建立有效的思想政治工作保障制度。

第二，竞争能激发职工的工作活力。在施工企业思想政治工作者队伍中，要形成竞争的工作模式，让队伍永葆青春活力。在选拔人才的过程中，要做到公开透明，充分调动思想政治工作者的积极性，进而为施工企业思想政治工作者队伍补充新鲜血液。

（二）培养思想政治工作者的道德素质

思想政治工作者是思想政治工作的主体，由于施工企业思想政治工作本身具有理论性强的特点，且思想政治工作对象具有多样性、复杂性，施工企业思想政治工作对其工作者的道德素质提出了更高的要求。所以，确保施工企业思想政治工作者的道德素质是提高思想政治工作有效性的前提。

首先,加强对思想政治工作者的道德观教育。在对思想政治工作者进行道德观教育的过程中,我们需要结合道德本身的特点和思想政治工作者队伍本身的素质水平来选择教育手段和方法。通过方式方法的创新,不断提高施工企业思想政治工作者对道德的认识水平,培养其高尚的道德情感,养成良好道德观念,并鼓励其做出有益于社会的道德行为。总之,应通过有效的道德观教育,提高施工企业思想政治工作者道德水平。

其次,提高思想政治工作者自身的道德修养。需要思想政治工作者不断将自己的道德认识、道德情感等与道德教育实际活动相结合。施工企业思想政治工作者只有在工作中不断进行实践的锻炼,通过关心职工的生活、工作、情感等活动,将自己的思想认识和实际工作相结合,才能不断坚定自己的道德认知和情感,真正提高自己的道德水平。同时,施工企业思想政治工作者需要自觉做出道德行为,在长期的道德实践活动中不断提高自己的道德修养。因此,施工企业思想政治工作者要端正态度,长期坚持,才能实现道德修养的真正提高。

总之,作为一名思想政治工作者,要不断提高自身道德修养,严格遵守国家法律法规,切勿因小利失大义,需以能辨是非、知善恶、懂美丑为出发点开展思想政治工作,这样才能获得施工企业职工的喜爱和信任,从而保证施工企业思想政治工作取得良好效果。

(三)完善思想政治工作者的日常培训制度

企业干部的素质高低直接关系到企业能否长久稳定发展。长期以来,党和国家都高度重视企业干部的培训工作。在各级党委和各个教育培训机构的努力下,我国干部教育培训工作取得了显著成效,干部教育培训工作的有序开展,促进党和国家有关方针、政策的执行,也会促进施工企业的全面发展,推动思想政治工作者自身的发展和职工综合素质的提高。

第一,实施因材施教。我国干部培训改革成绩显著。目前,一些施工企业思想政治工作者对思想政治工作认识深度不够,行事作风浮于表面,只做表面功夫,导致思想政治工作成效甚微。因此,我们要不断完善思想政治工作者的教育培训机制。在培训中坚持"以问题为依据"和"以需求为导向"

的方针,针对施工企业思想政治工作者存在的实际问题,以及受训者不同知识体系、工作技能和个人发展规划,制订有针对性的培训计划。

第二,更新培训内容。在设置培训内容时,应与我国施工企业最新科技和技术难题等结合起来,将职工的难点问题与企业发展问题结合起来。更新培训内容有利于更新施工企业思想政治工作者的知识水平,提高其处理问题的能力与效率。同时,在设置培训内容时,应推广"菜单式"培训,让思想政治工作者自主选择培训课程,这样可以提高其自身的参与热情和积极性。

第三,更新培训方法。创新,是思想政治工作取得良好效果的重要手段。在施工企业思想政治工作中,应注重将实际社会资源引入培训课堂中,将情景模拟、角色扮演、案例分析等新型互动方式引入课堂教学过程中。通过情景模拟等方式,让思想政治工作者深入思考,促进其成长。

三、践行人文关怀与心理疏导

施工企业思想政治工作的首要任务就是把职工的思想统一到企业的经营发展过程中来。作为思想政治工作者,要想方设法采取有效措施,充分调动职工工作积极性,把职工的心思和力量凝聚在一起,加速企业生产的发展。那么,在施工企业,如何找准思想政治工作切入点,有效开展思想政治工作呢?可以从以下几方面入手。

首先,统一职工的思想认识,增强企业职工的使命感。结合施工企业特点加强正确引导,统一职工的思想认识。施工企业制订计划、组织培训课程,让职工随时了解施工企业的发展趋势,明确发展目标,坚定奋斗的信心,增强施工企业职工以企业为荣、兢兢业业的职业道德意识。还要以社会主义核心价值观为指导,结合企业的现实情况,努力推动施工企业的和谐健康可持续发展。企业文化的建设和宣传也是必不可少的一环,要让职工认识到施工企业对经济社会发展的重要性,保证施工企业稳定有序发展,在本质上就是一项服务市民、造福社会的崇高事业。借此机会,使职工树立自豪感、使命感和责任感,从而激励职工在自己的岗位上奋勇拼搏,有一番作为。

其次,关注职工的各种压力,把人文关怀和心理疏导运用到思想政治工作中。施工企业相较于其他企业来说面临的压力巨大,施工安全关乎每一位职工的生命安全、每一位职工的家庭幸福，加之施工企业项目的特殊性，使得职工经常与家人分离，无法尽到身为丈夫、妻子、儿女的责任与义务，因此职工所承受的压力很大。职工承受的压为不仅影响到职工的工作情绪和身心健康，甚至会降低工作效率和工作质量，最终影响施工企业自身的可持续发展。根据调查，当前约90%的国外知名企业均提供职工帮助计划（EAP，Employee Assistant Program）服务，国内的施工企业也在纷纷进行这方面的尝试。引入职工帮助计划，对于增进职工的职业心理健康，减少错误操作，提高职工工作质量，具有较高的可行性。另外，施工企业还可以根据岗位性质、专业特点、入职时间等为职工提供有针对性的心理辅导。通过设立心理咨询室，定期进行心理咨询，让广大职工可以把日常工作中压抑的情绪释放出来，从而更好地投入工作。同时，要树立"以人为本"的管理理念，企业各级领导应围绕职工关心的热点、难点问题，解决职工生活上、工作上、思想上的实际困难，可以通过职工帮助计划等手段进一步优化劳动环境，使职工安心工作。

最后，紧抓青年职工特点，重视网络舆情管理。由于施工企业中的青年职工数量较多，作为企业的思想政治工作者，要结合青年职工特点，充分利用各种信息手段，增强与职工的沟通。要善于利用各种网络通信手段，与职工谈心交朋友，如社群、微信、微博等。另外，思想政治工作者要关注网络舆情，做好引导和监控，抓好机制和队伍建设，建立心理咨询专家组，加强危机公关的培训，提高应对各种危机的能力。同时，要充分利用网络工具这个重要的宣传平台，达到倡宣传、树典型、弘先进的目的。还要充分发挥党组织和工会的作用，开展群众性文体活动，使思想政治工作从形式到实质都为职工喜闻乐见，进而收到实效。

四、提高施工企业职工的整体素质

全面提升职工素质是贯彻落实以人为本、实现施工企业科学发展的需要，是施工企业面对新形势、新发展的客观需要，也是施工企业安全发展的迫切需要。全面提升职工的整体素质以提高职工思想政治素质、技术技能水平、身心素质为主要内容，以思维创新、管理创新和技术创新为手段，以增强广大职工的学习能力和创新能力为重点,培养适应市场发展需要的各类复合型技能人才。

(一)培养施工企业职工的学习能力

在施工企业中,有工人阶层和管理阶层的区分,且工人阶层占据职工人数的比例更大。一般来说,这些工人阶层的学历层次和学习水平较低,让他们学习具有一定的难度。因此,想要提高职工的学习能力,强化职工对知识的理解水平,就需要职工将知识与工作实践有效结合,通过实践,巩固细化知识内容,并逐步形成思维认识体系。但是,施工企业职工的工作占据其主要的时间,不像学生一样有充分的时间消化吸收所学习的内容,所以,要求职工一直学习也是一件不切合实际的事情。这时候就充分体现了一个人的自学能力。自学体现了一个人对于知识掌握的自我能力,通过使用正确的学习方法,自我学习不断进步,自我素质能力不断提高。

随着社会节奏的加快,一个长期不学习新知识,不培养新本领的人,很容易被社会所淘汰,因此,现代人只有不断学习,才能具有紧紧跟随时代发展进步的能力。提高施工企业职工整体素质,旨在使广大职工养成终身学习的意识,提高职工自我学习能力。具体表现为,培养职工自主学习的能力,形成独立思考的能力。值得注意的是,培养一个人的学习能力是一个循序渐进的过程,不是一朝一夕就可以完成的事情。那么,这就要求施工企业能够对职工进行长期的培训,适时主动引导职工,让他们融入学习的氛围中来。施工企业还可以通过多种形式的交流活动、辩论比赛等激发施工企业职工主动参与学习的兴趣。

(二)提高施工企业职工的心理素质

施工企业职工的思想道德修养与其思想认识水平有关,也与其心理状况密切相关,因此,要想提高施工企业职工整体素质,需要深入了解职工的心理需求。只有职工具有良好的心理素质,思想政治工作才能更具有针对性、有效性。

有些施工企业职工可能会因为工作问题,导致其心理出现一定程度的不适表现,主要的表现是心理健康障碍,心理障碍影响人与人之间的交流沟通,可能导致职工无视工作或者厌恶工作。施工企业职工工作环境艰苦，且生活单调乏味，缺乏娱乐活动，心理得不到很好的调节。因此，职工长期处于这样的环境当中，又经历着高强度的工作，其内心难免出现烦躁心理。社会大众对施工企业职工的印象较差，致使施工企业职工在社会中的地位不高，加之近年来社会不良风气的影响，多种不利因素交织，直接导致施工企业职工的不良情绪以及自卑心理。

为有效提高施工企业职工的地位，强化其心理水平，施工企业需要采取一系列措施，为职工解决困难。例如，为职工解决住宿难、生活不便等问题，通过提供住宿和改善住宿条件等，使施工企业职工享受到优越的生活质量；施工企业还应当给予职工更多的就业学习机会，为职工建立个人工作档案，为职工设计职业规划目标，让每一名新入职的职工都确立自己的工作、学习、培训发展目标；施工企业允许职工提交不定时接受学习培训的请求，并按照所有职工提交的申请安排培训教育活动等。这些措施，力图最大化地满足职工的工作需求，提高职工的工作满意度，培养职工积极主动的工作态度；同时，还要实施科学有效的奖惩绩效制度，让职工真实感受到施工企业工作的竞争感，营造良好的工作环境，鼓励职工主动学习，主动上进。

（三）强化施工企业职工的专业技能

专业技能可分为心智技能和操作技能，其中，心智技能是掌握专门技术的能力，是操作技能的基础。通常情况下，心智技能在完成各学科专业知识过程中得到提高和完善；操作技能是通过严格的操作训练才能掌握，是运用专业技术的能力。专业技能具有专业性、实践性、动态生成性、稳定性、习得性、具体性、个体性和外显性的特征。通过对职工专业技能的考核，激发其创新意识和能力。笔者认为，强化施工企业职工的专业技能，可以从以下几个方面做起。

第一，提高职工业务素质和岗位技能。如今市场竞争日趋激烈，如果施工企业拥有一支具有新理论、新技术、新工艺、竞争能力强、素质过硬的职工队伍，将使企业在优胜劣汰的市场竞争中处于优势地位。加强对施工企业职工业务技能和岗位技能的培训，打造一支具有新理论、新技术、高素质的职工队伍，通过提高职工的业务素质和岗位技能来达到有效利用资源的目的。

第二，多种形式提升职工安全技能。主要包括安全技术、业务技能、职业思想的内容，其中，职业思想是基石，安全技术是保障，业务技能是关键。重视安全技术培训，首先，要培养安全生产理念，从思想上解决职工对安全生产的不重视。这就要求施工企业在用人制度上做到优化，把好进人关，从源头上提高职工的基本素质。其次，要做到按需培训，通过与大中专学校合作，定向培训一些施工企业的特殊工种作业人员和专业技术管理人员。最后，要在安全技术与业务技能上做好保障工作，确保施工企业职工安全技能的全面提升。

第四节　加强施工企业思想政治工作的实践

为深入贯彻习近平新时代中国特色社会主义思想和党的二十大精神，落实中共中央办公厅印发的《关于进一步激励广大干部新时代新担当新作为的意见》，施工企业党委要号召各级党员领导干部以过硬的政治素质推动企业发展，做到以下几点。

一、加强理论学习，把思想和行动统一到党中央的决策部署上来

1. 组织集中学习

企业各级领导班子要认真学习习近平新时代中国特色社会主义思想，学习党的二十大精神，学习贯彻《中共中央关于加强党的政治建设的意见》，学习习近平总书记关于干部担当作为的重要论述，以及中共中央办公厅印发的《关于进一步激励广大干部新时代新担当新作为的意见》，学习企业重要战略部署。施工一线各基层党支部要将党建工作融入生产经营，每季度召开一次支部党员大会，深入学习习近平新时代中国特色社会主义思想，深入学习《中国共产党支部工作条例（试行）》，进一步明确党支部工作的基本要求和工作机制，以严肃的组织生活推动党员政治能力、业务能力的提升。

2. 开展研讨交流

企业各级领导班子，要在集中学习的基础上，每半年开展一次学习研讨，

领会企业战略部署的深刻内涵，以"严""融""新""实"统一做好党建工作的认识。坚持每季度组织开展一次党课，重点围绕理想信念、思想观念、精神状态、作风纪律和素质能力等方面，教育引导广大党员坚定政治立场，增强学习本领，发扬钉钉子精神，敢于担当、善于创新、展示作为。

二、强化担当，发挥班子带头作用

1. 增强履责意识

切实发挥各级党组织领导作用，以各项党建活动为载体，不断加强和完善各级领导班子建设，切实在强化政治意识、把牢发展方向、破解发展难题、推动高质量发展等方面走在前列，发挥示范引领作用。各基层党支部要按照上级党委党建工作推进计划的时间安排，认真组织，积极探索和尝试开展党建活动的新思路、新方法、新途径，在创新方式、方法和手段上下功夫，确保各项党建活动开展不变形、不走样、不松劲。

2. 推进重点工作

企业各级领导班子要切实履行职责，对照企业年度重点工作任务，结合本单位实际和领导班子职责分工，进一步细化重点任务的具体落实举措。企业领导班子成员要统筹分管领域、分管部门重点任务推进情况，确保落到实处。要将生产经营重点任务的落实作为党建联系点工作的重要内容，指导帮扶联系点单位制订切实可行的推进计划，帮助解决推进过程中遇到的现实难题，指导督促联系点单位务必落到实处，取得实效。

3. 完善制度建设

将《中共中央关于加强党的政治建设的意见》落实纳入企业领导班子和干部队伍建设整体布局，作为干部选拔任用的根本遵循。强化《中共中央关于加强党的政治建设的意见》在实践中的运用，及时完善干部绩效考核办法、后备人才培养管理办法、竞聘上岗实施办法，采取务实管用的措施，规范干部提拔、考核、培养工作，把《中共中央关于加强党的政治建设的意见》运用落到实处，进一步树立"能者上、庸者下、劣者汰"的鲜明导向。

4. 持续跟踪问效

要将落实企业重大决策，推进重点任务落实情况，作为年度各级领导班子成员履行党建工作责任制的重要内容，党组织要对班子成员进行考核。班子成员每个季度至少要向党组织汇报一次具体工作推进情况，并在年底将落实情况作为党建工作责任制履行重要内容向党组织报告。

三、聚焦重点，发挥党支部战斗堡垒作用

1. 加强党建促生产

要着力推进党支部建设与生产经营深度融合，推动党支部活动融入治理结构、融入生产经营、融入改革发展、融入日常工作。支委会要结合实际，聚焦重点任务，切实找准制约本单位（项目）发展的主要问题，进一步细化党建活动举措，教育引导党员和干部职工立足本职岗位，切实守住工程"安全、质量、效益、工期、环保、信誉"六条底线，努力形成担当作为的浓厚氛围。

2. 深化党建活动内容

党支部要深入开展党员先锋岗、红旗责任区和红旗班组等活动，以党内活动抓落实、促执行。要深化正向教育和激励措施，着力解决好不愿担当、不敢担当以及担当不够、落实不力、能力不强、做事不勤、服务不优、律己不严等问题。大力弘扬企业优秀文化，激发企业全体职工的内在正能量。要进一步引导党员和干部职工，立足本职岗位找到与企业共成长的努力方向，做到有激情、在状态，圆满完成年度各项工作任务。

3. 加强党建联动

要深化拓展党建联建共建活动。积极主动对接项目所在地党组织，发挥和拓展党建载体，融入区域化党建、参与地方治理、展示央企形象，以党建平台建立良好的沟通协调机制，解决制约生产经营的突出问题。

4. 保证党建活动成效

企业各基层党支部要将活动开展与基层示范党支部创建活动一并谋划、统筹推进，切实以"先进党组织"的标准扎实推动每项党建活动落实见效。

四、真抓实干，发挥党员先锋模范作用

1. 发挥表率作用

党员要带头抓实抓细项目管理，在施工管理、劳务队伍管控、设备物资

管理、合同管理、舆情管控等多方面下真功夫、苦功夫、实功夫。要狠抓亏损项目治理，对亏损项目原因进行清单式、分层分类整治，敢于同亏损背后的管理问题、腐败问题做斗争，切实担负起党内监督的责任。要贯彻落实企业关于滚动发展的决策部署，带头参与滚动发展，在已经取得初步成效的基础上，进一步设定好滚动市场发展目标，结合实际明确发展方向和规模。在项目施工上要精益求精，切实将以干促揽、干揽结合、滚动经营的思路落实到项目管理各环节，落实到履行岗位职责的各方面。要紧密结合实际，大胆尝试、勇于担当、敢闯敢干，积极探索出一条既能为企业创效又能为职工增收的有效路径，以思路创新带动管理创新和分配方式的创新、优化，确保企业与职工双赢。

2.增强责任担当

施工企业各级党组织要针对本单位的重点任务，研究确定具体的执行计划和实施方案，并结合党员职工的岗位职责，做好任务目标的细化分解，切实将个人价值体现与企业改革发展、项目生产经营任务目标实现紧密联系起来，与本支部、本单位年度各项重点工作任务落实紧密结合起来，引领广大党员立足岗位做表率，担当作为当先锋。

3.党员公开承诺

企业每名党员要结合企业年度重点任务和工作岗位职责，做出"一句话"承诺，并在主题党日公开宣读承诺，党支部建立承诺践诺台账，按照承诺内容履职践诺，确保在年底前完成承诺内容，设立公开承诺栏，公开接受群众监督，并将承诺落实情况作为年度党员民主评议的重要依据，促进党员强化党性观念，立足岗位激发敢担当的勇气、善创新的精神、展作为的斗志。

五、巩固成效，创新活动举措

1.凝聚思想合力

各级党组织要以各项党建活动为平台，引导广大党员和全体干部职工以强烈的担当精神，创新工作思路，积极应对、解决生产经营和党的建设中的实际问题，切实以党建活动为平台，努力将本单位建设成为党建工作的标杆、人才培养的摇篮、滚动发展的基石、提质增效的堡垒。

2. 运用成果转化

施工一线各基层党支部要经常组织开展思想政治工作经验交流活动，着力做好思想引导、工作讲评、荣誉激励等工作，让做得好的党员介绍好做法，工作不理想的干部要激励鞭策。

3. 营造浓厚氛围

各级党组织要围绕党建活动，结合"先进党组织"创建评选、七一表彰、民主评议党员等工作，对先进典型予以通报表彰和奖励。要加大对先进典型的宣传力度，选取优秀典型，制作短视频，并利用企业官方微博、网站等载体进行宣传，着力打造干事担当的企业风尚。

第八章 施工企业文化建设的工作模式

第一节 施工企业文化建设的目标与原则

一、坚持以人为本原则，融促企业战略的实现

优秀的职工对于企业的长足发展是至关重要的，没有优秀职工的齐心合力也就没有一个企业的发展。因此，职工是企业的核心，只有坚持以人为本的原则，才能促进企业战略的实现。

首先，企业文化属于管理文化的范畴，它的核心在于对人的管理，并坚持将人的重要性与实现企业发展目标融为一体；其次，职工不仅是被管理的对象，同时还是企业的主人，职工当家作主的权益优于被管理的对象。因此，如果企业想要充分开发职工们的潜力，就要学会了解人心、把握人心、在尊重与理解职工的基础上，才能够充分全面地凝聚人心，将职工的心凝聚到企业中，让职工的力量拧成一股绳，从而实现施工企业长久发展的战略目标，企业管理文化自然也能够得到良好的发展。

企业战略是企业在前期进行充分的市场调研后，在分析内部与外部环境的基础上，对企业经营、企业管理、方针政策的制定与实施步骤所做出的长远的全局性规划。"以人为本"的企业文化可以影响企业战略，而企业战略又是在"以人为本"的企业文化的约束和指导下进行一切行动的指南，保证施工企业职工的行为与施工企业的行为保持高度一致，从而融促企业管理，实现施工企业的各项战略目标。

因此，企业战略与企业文化必须有机地融合在一起。在实践的过程中，

它要求将企业战略理念融入企业精神文化的建设之中,将企业战略目标融入企业制度文化建设和行为文化之中,将企业战略要求融入企业物质文化的建设之中。世界知名管理学家迈克尔·波特指出,"我们把企业文化和战略这二者相结合,以寻求更好的优势战略。"举例来说:施工企业可以向其他大企业学习,拿出一部分企业的股份奖励职工,按照职工工龄的长短和能力强弱进行划分,按照一定比例合理划分股份,争取让每一位职工都能够拥有属于自己的股份,从而让职工成为企业的主人。职工认为自己每天工作就是在为自己挣得利益,这可以有效增强职工对本企业的责任感和归属感,同时,还可以造就职工对企业的忠诚度。当职工一旦有了归属感和对工作的责任感后,整个企业的凝聚力将更加强大,不仅会提高工作效率,还将为企业创造更加可观的利润。

二、坚持求真务实原则,树立表率引领的文化

实施企业文化建设,要与企业具体情况相结合,所有措施和办法都要从实情出发、实事求是、不走形式。同时,企业文化建设还要必须服从企业发展战略需要,结合现有的发展思路和管理模式,在目前人力资源条件允许的前提下,与企业日常工作同步推进。企业文化建设要制定切实可行的推进方案,建立健全相应的规章制度并监督落实,力求达到实效,实现企业文化建设服务企业管理提升和企业发展的目标。

改革开放后,我国经济呈现蓬勃发展的状态,我国施工企业所面对的海外市场在更加广阔的同时,也给企业发展带来了新挑战。施工企业不仅面临着国内的各种竞争,也面临着国际竞争。与国外的施工企业进行竞争,是对我国施工企业综合实力的重大考验。为了在瞬息万变的市场竞争中站稳脚跟,塑造、优化、创建一个新的企业文化刻不容缓。可以在施工企业中寻找到几个有模范带头作用的先进人物,并在结合施工企业实际情况的基础上,形成示范效应,从而带动其他职工工作的积极性和主动性,形成一种新的具有表率作用的文化模式。

1. 领导带头、全员参与

企业文化建设必须坚持"领导带头、全员参与"的原则。要将企业领导

者的主导作用与基层职工的主体作用有机结合起来,积极营造领导者高度重视、一般职工积极主动参与的良好氛围。

首先,企业文化说白了是一种管理者文化,从某种意义上讲,企业文化是对企业家理念的提炼和展现,企业家个人的思想、处事习惯在很大程度上左右着企业文化的发展方向。同样,一个部门负责人的言行举止也对所管理的整个部门的言行产生影响。所以,领导者身体力行,以身示范将对职工起到积极的引导和示范作用。其次,职工是企业发展的主体和中坚力量,没有职工的参与企业文化建设将无从谈起。所以,要以灵活的方式方法引导和号召职工积极参与企业文化建设,加强对企业核心理念的认同感,积极主动为企业发展出谋献策,实现企业文化稳步发展。

"共识"是指共同的价值判断。在施工企业文化建设的过程中,要强调领导带头、职工参与的原则,目的是让全体职工达成意见上的共识。这种共识是由企业文化的本质所决定的。施工企业是由广大职工组成的,文化体系的最终建成与运行,有赖于职工的认可、配合与行为上的支持。因此,施工企业文化建设必须以全体职工的整体愿望为基点达成共识,才能确保文化建设的有效性。无论是企业中的领导者,还是企业中的普通职工,他们都是文化的创造者,每个人都有独立的思想和价值观,都有自己的行为方式。如果在一个企业中,任由每个人按自己的意志和方式行事,企业就可能成为一盘散沙,不能形成整体合力,只有从群体及职工个人价值观中抽象出一些被广大职工普遍认同的基本价值信念,然后再由企业在全体成员中强化这种信念,进而达成共识,才能使得企业职工产生凝聚力。同时,全员参与达成共识,还需要逐渐摒弃权力主义的管理文化,建立起参与型的管理文化。权力主义的管理文化过分强调行政权威的作用,用行政命令、规章制度等手段对人们的行为实行硬性约束,在决策与管理中,往往用领导意志代替一切,这样做则不利于共识文化的形成和发展。因此,打破权力至上的观念,实行必要的分权体制和授权机制,是充分体现全员意识,促使共识文化形成的重要途径。

2.循序渐进的原则,系统推进从一而终

施工企业文化建设不是只用两三天就能够完成的事情,需要时间的积累,是循序渐进的过程,分步实施是施工企业文化建设应当注意的原则之一。在打造过程中,要对任务进行阶段性划分,明确各阶段的任务,分步推进落实。加强组织领导,明确工作职责,从企业高层到基层,都要明确具体工作任务,各负其责。将企业文化建设与日常工作同步推进,并与物质文化建设相结合,力争实现相互融合,相互促进,有序推进。

优秀的企业文化必将推动施工企业工作的全面良性发展。从制定文化建设方案到各项任务的分解落实,再到融入企业整体的发展战略中来。施工企业在文化建设的一开始,就要注重企业文化体系的形成,从一而终系统推进。文化即行为习惯。因此,施工企业需要系列具有约束性的活动举措,例如:每年年初都与各个合作单位签订经济责任、党建目标、安全目标等相关责任书,以责任包保的形式实现目标分解落实;开展并持续实施星级施工管理月度检查讲评活动,每月定期开展一次分项评分与缺陷讲评,督促施工企业综合管理水平不断提高,争取全面系统地推进施工企业的文化建设。

3.目标一致性原则,树立良好企业形象

施工企业文化建设要与企业目标保持一致,不能偏离施工企业的目标,否则就是弃本逐末。值得注意的是,施工企业把控目标的同时,还是要涉及人的因素,要紧抓人的因素不放手。比如:我们要对职工进行素质培养,提高他们的团队意识与安全意识,尤其是施工行业经常面临这样或那样的突发意外,每一次突发意外都有可能危及生命。因此,增强职工的安全意识,可以避免事故的发生或者降低事故发生的概率。无论施工企业如何大搞文化建设,都要使文化建设的目标或目的和我们企业终极目标保持一致。

企业文化是企业形象的内在根基,企业形象是企业文化的外在表现。企业形象是企业内外对企业的整体感觉、印象和认知,是企业状况的综合反映。因在进行企业文化建设的时候,要坚持目标一致性原则,增强职工的素养,加强施工企业的工程质量,在业界树立良好的企业形象与口碑。企业形象有好与不好之分,当企业在社会公众中具有良好形象时,消费者就愿意购买该企业的产品或接受其提供的服务;反之,消费者将不会购买该企业的产品,也不会接受其提供的服务。因此,企业文化建设应与企业发展的目标一致,对外塑造一个值得信赖的企业形象。

第二节 施工企业文化建设的具体措施

一、以居安思危的理念，进一步构筑企业核心价值观

居安思危，思则有变。随着改革开放进程的深入，施工企业也开始参与市场经济，面对市场经济的残酷竞争，有很多施工企业没有抓住最佳的发展机遇，结果错失了企业发展提升的机会。

经过深层次的思索和改革，施工企业应形成一系列企业文化，构筑了新形势下的核心价值观，使企业逐渐占领市场，实现跨越式发展。施工企业在市场经济的改革浪潮中，也深深体会到了开展危机教育带来的思想碰撞，管理理念、经营理念得以转变和提升。

要想解决企业下一步的发展问题，必须要以居安思危的理念，树立向管理要效益的意识、风险管控意识和精益化意识，做好过紧日子的准备，彻底扭转高成本运作、粗放管理的运营模式，推动企业转型升级。这关系到企业的生死存亡，必须要及时塑造企业的核心价值体系，以此来引领和带动全体干部职工改变以往"大手大脚"的习惯，积极投身到管理提升活动中，加强风险管控意识，制定扭亏增盈措施。

（一）树立向管理要效益的意识

管理是企业永恒的主题，追求利润最大化是企业追求的终极目标，只有向管理要效益，才能使企业获得制胜的法宝。施工企业融入集团发展战略进入跨越式发展阶段后，依靠集团化运作和中国蓬勃发展的经济环境，各项水利水电投资项目犹如雨后春笋，但在利润提升的情况下，施工企业管理水平却有所下滑，成本意识不强。面对新的严峻形势，施工企业就要树立向管理要效益的意识，进一步加大"节能减排、降本增效"的宣传教育力度，制定详细的奖惩措施，在职工群众中广泛开展"节约一滴水、节约一度电、节约一张纸"活动，倡导勤俭节约的习惯和风尚，从自我做起，从身边做起，从每位员工做起。同时，在职工中广泛开展经济技术创新活动，针对施工、生

产、经营、管理、服务的薄弱环节，大力开展技术创新、营销创新、管理创新、服务创新，使其成为一项长期性、基础性、群众性的职工创新实践活动，与劳动竞赛、合理化建议、金点子征集等活动结合起来，让"向管理要效益"意识深入各级管理人员及普通基层职工的心中，从而减少浪费，实现经济效益最大化。

（二）树立良好的工程理性文化

工程建设对质量、安全、进度要求严格、精确，容不得半点马虎和错误。施工企业工程项目的建设者必须形成不追求功利、科学理性的工作风格。这种理性文化，应该表现在以下几个方面。

1. 不盲目追求工程进度，反而要严格检查工程质量

树立风险管控意识，消灭或减少潜在的风险事件，或者减少潜在风险事件发生时造成的损失。施工企业是劳动密集型企业，其潜在的风险不言而喻，如果风险控制不好，就会带来灾难性的后果，因此，要树立风险管控意识。

2. 健全合同风险监控机制，有效降低法律风险

在项目投标、合同签订、项目履约、工程结算和索赔等环节，制定风险防范对策，努力做到"周密测算、严格履约、结算及时、索赔迅捷"，切实降低合同风险。

3. 增强跨文化管理能力，加强国际项目管控，规避国际经营风险

及时掌握项目所在地的经济状况、政治局势、自然灾害、恐怖袭击等风险因素，在确保人员安全的同时，加强对国际项目资金、汇率的管控，降低利率与汇率风险带来的损失。

（三）树立正确的安全文化意识

在工程建设实践中，安全生产极端重要。施工企业应采取一系列行之有效的措施，不断积累安全生产管理经验，努力探索特大型工程安全生产的客观规律，从安全工作的价值观念、行为准则、道德规范、管理制度、经验教训以及安全装备、安全设施等物质形态方面，逐步推进企业的安全文化建设。

进一步提高对安全生产工作重要性的认识，强调"安全也是生产力"的观念。为切实抓好施工企业安全文化建设，就必须树立全面、协调、可持续

的安全发展观，以人为本推进安全文化建设，形成以安全文化驱动企业管理、以企业管理孕育安全文化的良好互动局面。一是用身边发生的案例，开展鲜活的安全文化宣传教育活动；二是营造浓厚的安全文化氛围；三是发动职工参与安全文化建设，广泛征集安全生产格言，汇编成册印发给职工学习。这些灵活且多样化的安全活动，将促进施工企业形成具有工程建设特色的安全文化价值观。

（四）树立精益化意识和科学严谨的精神

施工企业投入人、财、物，耗费大量的时间完成项目，目的是使其产生应有的效益。如果不能产生或者少产生效益，就是浪费。笔者通过调研发现，某施工企业在申报国家特级企业资质期间，为了达到考核标准，投入大量人力、物力和财力，进行了信息化建设和管理标准化建设。然而申报成功后，这两项工作就被置之高阁，没有发挥其应有的作用。因此，施工企业需要进一步增强严谨和务实的工作态度，在日常工作中就应该严格按照标准来执行，在企业文化建设中倡导理性、竞争、效率等价值取向。

二、以贴近市场为先导，进一步完善制度文化体系建设

市场竞争是瞬息万变的，适者生存是市场不变的法则。如果把市场经济比作大海，把企业比作扬帆远航的大船，如果不根据风的方向来适时调整帆的朝向，船就无法在波涛起伏、风起云涌的大海中驶向目标。

施工企业进入市场经济的初期，根据市场的需求，大刀阔斧地进行了各项制度的梳理和改革，更加贴近市场、适应发展的制度文化体系形成后，确实调动了广大干部职工的积极性。然而，目前国际、国内市场已经发生了巨大变化，如何以市场为导向，实现领导体制、组织机构、管理制度三方面的优化，是至关重要的。

（一）建立适应市场的领导体制

进一步完善新形势下干部队伍的管理制度，建立健全客观公正的干部考核机制和激励约束机制，规范干部管理权限和程序，是施工企业加强制度文化建设，确保企业健康稳定发展的重要基础。为此，施工企业在领导体系建

设中应以贴近市场为先导,坚持德才兼备、以德为先;坚持民主、公开、竞争、择优;坚持职工群众认可、市场认可、注重业绩;坚持权利与责任义务统一、激励与监督约束并重,全面提升领导干部的综合能力;坚持制度化管理、程序化管理、依法管理等方面的原则,要对任职的资格与条件做出严格的规定;在选拔任用程序上要合法合规,建立与市场接轨的薪酬体系,同时,根据市场的情况进行适时调整;建立监督约束机制,推行"三重一大"集体讨论决策制度;引入市场竞争机制,推行公开竞聘;让市场来选择干部,以业绩、履职能力、年龄、身体状况和廉洁自律等作为衡量标准,建立领导干部退出机制,完善领导干部免职(解聘)、撤职、辞职、退休办法等。通过以上各种领导体制建设,建设一支贴近市场、适应市场、勇闯市场的领导干部队伍。

(二)建立适应市场的组织机构

施工企业要以企业上市和内部重组为契机,以推进转型升级上水平为目的,继续转变工作思路,深化企业改革,努力实现从以某种项目作为主要业务向多功能型的国际企业转变,从劳动密集型向技术管理密集型企业转变,改变传统的规模扩张型、粗放式管理模式,根据市场变化的需求,成立、撤销或者合并相应的市场开发机构和项目履约机构。有涉猎国际工程的,还需要适时成立海外区域经理部,逐步向区域化管理、属地化经营方式转型。进一步整合施工单位,重新配置资源,形成铁路、公路、桥梁、市政等领域的专业施工队伍,建立适应市场需要的专业化施工力量,在动态管理中,更加适应市场经济的变化。

健全适应市场的管理制度。施工企业应按照《企业法》的要求,号准国内市场和国际市场竞争的脉搏,修订完善各项规章制度,规范运作,明确决策、执行、监督等各环节的问责权利,建立完善、高效的法人治理结构。要继续深入推进项目标准化、精细化和信息化管理制度建设,加强规范化、流程化管理制度建设,各级部门要制定日常工作流程,细化内部管理环节,提高工作效率。

同时,要强化"以人为本"的人力资源管理,严格控制人力资源增长速度,进一步优化人才结构，着力提高人才质量，引进施工专业相关的高端人才；在项目施工中积极探索"架子队"管理模式，发展壮大与企业有长期友好合作的劳务企业，引进合格分包商队伍，实现技术管理层和作业层分离，打造技术管理密集型企业；要制定科学薪酬制度，最大限度地调动职工的积极性。工资增长必须和市场接轨，与经济效益同步增长，福利待遇要向一线职工倾斜、向重难险岗位倾斜、向高端人才倾斜。要完善业绩考核评价体系，逐步建立责任追究制度，增强职工责任意识，提高工作质量和工作效率。

三、以品牌形象建设为核心，树立扬荣弃耻的风尚

企业形象建设是企业的脸面，更是能够给人留下深刻印象的无形资产。对于基层职工来讲，初涉该地市场，面对长期在深山峡谷中的工作环境，要求极为严格的文明施工和工地形象建设，项目部感到巨大压力和挑战。因为前期对文明施工存在着认识上的欠缺，为了确保工期目标和成本目标，在人力、物力、财力的投入上存在种种顾虑，业主和监理多次要求整改，最终还是花费很多代价按标准进行了整改。在参观上海标准文明工地建设和学习相关规范后，该施工企业某河泵站项目部干部职工的理念得到转变，以"知耻而后勇"的精神，迅速学习和掌握了极为严格的文明施工规范，抛弃了以前"凑合""应付"的思想，转而从长远的角度来认识问题。项目部无论是营地建设还是工地规划，都严格执行了相关标准，并树立了良好的企业形象，获得了重大工程文明工地银奖。此次项目的巨大成功，为该施工企业在华东市场树立了良好形象，其他项目也随之而来。同时，该企业还借鉴了这次文明工地创建和企业形象建设模式，在全企业上下进行推广学习，为企业的发展铺设了快速通道，形成了强劲的发展势头，积累了宝贵的无形资产。

为了塑造更好的企业品牌形象，施工企业应当贯彻实施VI视觉形象识别系统手册，从营地建设到标牌制作，从办公用品到着装规范都需制定统一的标准，争取体现国家特级施工企业的良好视觉形象。品牌形象建设最不易做到的就是职工文明素质的提高以及行为规范的进步，而施工企业的职工大部分都习惯了粗枝大叶，虽然居住环境、工作环境、衣帽着装等都改善了，但言行和举止却缺少统一的规范。"雁过留声、人过留名"，这种"穿新鞋、

走老路"的习惯在很大程度上影响了企业的品牌形象建设。因此，施工企业当前的品牌形象建设要取得新的进展，取决于每一个管理人员、每一名职工的文明程度，必须引起全员重视，树立"扬荣弃耻"风尚，制定和出台新的职工行为规范，共同参与、相互督促、相互约束，才能取得成效。

新形势下，施工企业要在广大职工中进一步明确什么是荣、什么是耻，要建立以忠诚企业为荣，以损害企业为耻；以艰苦奋斗为荣，以贪图享受为耻；以学习进步为荣，以不思进取为耻；以创造效益为荣，以企业亏损为耻；以开拓进取为荣，以故步自封为耻；以励精图治为荣，以松散懈怠为耻；以廉洁自律为荣，以损公肥私为耻；以遵纪守法为荣，以违法乱纪为耻的思想意识。这八个方面的企业荣辱观，是企业对广大职工的基本要求，施工企业要围绕这八个方面进一步建立企业职工的行为规范，以职工的优良品质和人格魅力来折射企业的品牌和形象，实现企业文化与时代精神的有机结合。

四、以国际强企战略为目标，实施跨文化管理

跨文化管理，又被称为"交叉文化管理（Cross Cultural Management）"，是指企业在国际化市场经营中，针对跨国企业所在国家的不同文化而采取的包容管理方式，是在面对不同民族、种族文化时，创造出的企业独具特色的文化，以维系企业跨国经营本土化管理的要求。

施工企业在20世纪60年代已经走出国门，先后以联合或劳务分包等方式向国外派遣劳务支援队伍，从20世纪90年代开始，施工企业开始与多家涉外企业合作，积极参与国际市场竞争，先后进入尼泊尔、印度尼西亚、巴基斯坦、阿曼等国家承揽项目。有些施工企业积极响应，"无内不稳、无外不强"的理念，提出了建设国际强企战略目标，开始了全面的、有规划的、系统的国际化进程，初步实现了国际经营的规模化和效益化。在多年参与国际工程的施工过程中，施工企业职工面对不同的国家、不同的信仰、不同的民族、不同的理念，尝尽了文化冲突带来的酸甜苦辣，有过成功的喜悦，也有过失败的教训。

某施工企业在哥斯达黎加楚卡斯水电站施工中，面对中南美洲这个高端市场，遭遇严格的HSE（健康、安全、环境）管理体系，受当地文化传统与

理念的影响，在这里发生皮外伤，就被称为工伤，必须要上报业主；劳保手套破一个洞，如果不及时更换就会被停工；噪声高的施工区域，必须要戴上耳塞；国内带去切菜用的菜墩会有木渣可能影响健康，被禁止使用；每一步施工前都要做安全风险评估，上报安全计划后，才可以实施。施工人员对于业主的种种做法和要求不能接受，据理力争，坚决反对或者置之不理，一度和业主关系紧张。然而，当这一施工企业参观了别的企业承建的工程后，在视觉和心理上受到了巨大的冲击。每个工作面都为职工配备储物箱，在工地建造换衣间以及移动式卫生间，宾馆标准的职工宿舍，像专业医院一样的工地医疗站，物资仓库超市化管理等，有条不紊、有章有法，处处体现"以人为本"，处处体现 HSE 管理理念，使他们真正体会到"生命大于天"的真谛，这就是管理理念的差异。从这个特殊的场景，让我们看到了自己的差距。

因此，面向海外市场，广大施工企业要加强 HSE 管理，这是国际强企战略的需要。为尽快扭转被动局面，项目部可以采取开放式属地化管理模式，聘用一批当地 HSE 部门的主管，实施跨文化管理，接受西方的文化理念和管理模式，争取快速打开被动的局面，促进项目施工有序推进。

五、以共同愿景为引领，全面推进人才强企战略

人才资源是企业所有资源中最宝贵、最有决定意义的资源。如何激发和带动广大职工形成强大的凝聚力和向心力，使之与企业形成风雨同舟、和衷共济的坚强集体，是企业生存和发展的源动力，这就需要以共同愿景为引领，共同愿景作为一种文化理念，它能够描绘出一幅令人向往的美好图景，从而唤起人们的希望，使人们甘愿为之付出辛勤劳动。

在施工企业发展历程中，共同愿景发挥了强大的凝聚力。举例来说，某一施工企业在 2006 年的四川锦屏水电站导流洞施工中，为了站稳超大型水电站的市场，在企业愿景的引领下，广大部职工形成了强大的凝聚力和向心力，面对导流洞因地质原因大塌方的局面，为保住企业信誉，赢得市场，施工企业领导亲自挂帅成立了一支"抢险敢死队"。面对洞内随时可能再次塌方和落石给生命带来威胁的情况，他们硬是完成了任务，展现了感动施工企业上下的"锦屏精神"，得到了业主、监理的高度信任，在随后的施工中站

稳了阵脚，赢得了更加广阔的市场。

由此可见，企业的美好愿景一旦在职工中形成强大的共鸣和认同，势必会激励企业内部的团队愿景和职工愿景的有机结合，进而为之共同奋斗。如果施工企业提出"建设质量效益型国际强企"的战略目标，职工共享发展的成果，参与国际工程施工的分企业和职工个人也确确实实得到了实惠，就会引起企业职工的强烈反响，促使越来越多的分企业积极投入海外市场，也促使越来越多的国内职工自发地学习英语、国际施工规范和先进的管理理念，在争取早日出国为企业做贡献的同时，获得丰厚的物质回报。在共同愿景的促动下，职工即使常年离开祖国也心甘情愿。

新形势下，随着施工企业经营规模的不断扩张，虽然在人力资源开发及管理方面取得了显著的成绩，但是人才结构性短缺问题仍然突出，人才队伍还不能完全适应企业快速发展的需要，主要表现在人才需求快速增长与人才储备不足之间的矛盾；人才需求质量较高与人才队伍素质参差不齐之间的矛盾；人才队伍结构与目前建设质量效益型国际强企发展步伐之间的矛盾，这使得企业人才工作的形势日益严峻。这些问题已成为制约施工企业发展的主要瓶颈，成为影响企业战略规划实施的关键问题。

为解决这一突出问题，笔者认为，施工企业要以共同愿景为引领，一方面，要紧密结合企业愿景，制定企业人才发展规划，大力实施人才强企战略，完善工作管理机制，在创新人才培养开发方式的同时，健全人才考核评价和选拔任用制度，建立相应的人才激励保障体系，加大对特殊贡献人才的激励力度，实行特殊人才特殊政策，积极探索奖励机制的多种分配方式。另一方面，要通过各种教育和培训方式，来激励和引导广大职工将个人愿景融入企业愿景，实现共同愿景的引领，从"要我学"转变为"我要学"，不断加强学习型组织、学习型团队、学习型班组、学习型个人建设，从而加快人才成长的速度，人才强企的战略目标来推动和促进企业发展目标的实现。

第九章 企业文化建设与思想政治工作创新

第一节 企业文化建设与思想政治工作创新融合发展

随着我国的改革开放和"一带一路"工作的引导，现代化的国有企业虽然面临着巨大的考验，同时也为其进一步发展提供了最好的市场经济环境，尤其对于国有林业部门而言，只要将企业文化建设与思想政治工作创新融合起来，就一定能够激发起员工的工作积极性和主动性，给予大家更大的精神支持，推动企业的快速发展。

一、企业文化建设与思想政治工作创新融合发展的重要意义

（一）实现两者的双赢

在企业的发展与建设中，只有重视企业文化建设，重视思想政治工作的不断改革与创新，并将两者有机地结合到一起，才能实现两者的双赢。因为进行企业文化建设是企业长远性发展战略的重要步骤，而思想政治工作也只有融入企业文化建设当中，才能进一步提高工作人员的主观能动性，为企业的发展出力献策，才能让企业文化与思想政治建设工作相辅相成，相互促进，实现共同进步，互利共赢的目标。

（二）为企业发展创造更好的环境

当今的时代是信息化的时代，在新的社会形势下，企业文化建设与思想政治工作必须要进行不断的改革与创新，要从传统的思维理念中解脱出来，以全新的思维模式和多样化的宣传手段去为企业创造更好的生存与发展环

境。这样才能让员工更加有归属感和认同感，才能自觉地投入到企业文化建设当中，成为推动思想政治工作创新的源动力，改变落后的思想，为企业的发展贡献自己的力量，让广大员工的思想境界再上一个台阶，为企业的良好发展构建更加美好的环境和氛围。

（三）进一步增强企业的综合竞争力

在市场经济的时代背景下，国有林业局的工作一度出现被动，要想在激烈的社会竞争中取胜，除了要加大企业的建设步伐之外，更需要将企业的文化建设与思想政治工作融为一体，让广大员工对企业的前景充满信心，这样才能增强大家的责任心和使命感，以主人翁的态度投入到工作当中，把企业当作自己的家。而且国有林业局的发展与建设与国家利益有着不可分割的联系，只有对企业的思想政治工作进行创新，才能让员工的脚步更加坚定，进一步推动我国的林业发展，增强企业的综合竞争力，保证其经济的主体性地位不被颠覆。

二、企业文化建设与思想政治工作创新融合发展的办法及策略研究

（一）充分发挥企业党组织的作用

国有林业局的工作在新的市场经济体制的改革中已经发生了很大的变化，所以在新的时代背景下，必须要将党员干部的核心作用发挥出来，让党组织参与到企业的经营管理当中。进一步完善党的建设机制，这样党员干部才有充分的管理职责，才能在国有林业局发展的过程中提出合理的意见和建议。同时，党员干部还需要树立正确的思想观念，在思维理念上进行不断的更新，用与时俱进的态度为企业创新服务，在国有企业的不断前进中发挥出党组织的先锋模范作用，使党的建设更加完善与完美。

（二）提高工作人员的综合素质

要想使企业文化建设与思想政治工作创新融合落到实处，就必须要加大企业员工的综合素质建设，因为从国有企业员工的思想现状和综合素质来看，工作人员在心态上普遍存在着得过且过的心理，所以提高广大员工的综合素

质,让他们明确自己的责任和使命,在工作中有清楚的岗位职责和工作要求,这样才能使国有企业得以健康发展。同时,还需要建立相应的人才管理机制和激励政策,完善相应的工作制度,保证思想政治工作能够真正地融入到大家的日常工作当中,并进行科学合理的评价与考核,实现党政工团与企业建设一齐抓的工作局面,让广大工作人员成为企业文化建设和思想政治工作创新的主力军。

(三)在改革与发展中进行创新

企业的发展必须要与时代的发展同步,所以企业文化建设也需要勇于突破传统模式的束缚,在前进中进行大胆的创新与改革,只有这样才能从根本上改变国有企业林业局工作氛围的沉闷性,为企业的美好前景构建一片欣欣向荣的景象。同时,也让广大员工感受到企业的新气象,在工作中找到自己的价值,发挥出最大的效用,为企业文化建设与思想政治工作的创新贡献力量。另外,还可以借助网络多媒体的形式,将国家的各项新政策,改革的进程以及企业的各项文化活动进行宣传,调动起大家的积极性和主动性,为企业的持续性发展奠定基础。

(四)建立相应的文化融合机制

在进行企业文化与思想政治工作创新融合发展的过程中,必须要建立相应的文化融合机制,并且还要保证这些融合机制的可操作性,因为在国有企业建设与发展当中,广大员工本身就对各种制度怀有很大的抵触心理,一些新机制的运行往往会令企业内部出现各种各样的混乱现象。所以,首先,必须要进行相关机构的设置,要与国有企业的实际需求结合起来,并根据现实情况进行及时的调整,这样才能改变员工的反感情绪,让大家融入企业的建设与发展当中。其次,文化融合机制需要从员工的立场出发,并在执行与实施的过程中,增加其科学性和规范性。同时,还要与广大员工进行互动,这样才能得到大家的认可和肯定,才能支持企业文化建设,进一步加快思想政治工作创新与融合的步伐,实现国有企业林业局工作的顺利开展。

总而言之,在新的社会形势下,人们的思想意识得到了大幅度的提升,而国有企业要想得到长远性的发展,就必须要顺应时代发展的潮流,进行企业文化建设与思想政治工作创新融合发展，这样才能让广大员工树立正确的人生价值观，以积极向上的心态投入到企业建设当中，促进林业建设工作质的飞跃。

第二节　企业文化建设与思想政治工作的创新

文化建设与思想政治工作是现代企业在组织各项经营活动期间，所面对的基础性内容，集中反映了企业在各项活动和决策落实期间的价值理念，也是在当前市场大环境下和时代大环境下，构建企业凝聚力、向心力，构建企业发展合力的关键所在。尤其是在新时期背景下，企业发展所面临的风险和挑战都在不断加剧，需能够同时把握好内部和外部两个环境。在文化建设与思想政治工作融合的过程中，对焦企业经营发展全过程的每一个方面和每一个人员，了解其中的需求反馈，整理其中问题建议，以此来实现企业更持续、健康、稳定的发展。文章以此为前提，进行如下讨论。

一、企业思想政治工作与企业文化建设的相同之处

文化建设和思想政治工作是现代企业经营发展中的基础性工作，虽然二者在工作重心、工作最终目标等方面存在着一定差异，但二者本身并非相互独立和对立的，仍然存在着很多共通之处，本质上都是为了提高企业的凝聚力和向心力，构建企业内部合力。具体来看，二者相同之处主要体现在以下三个方面：

第一，企业文化建设与思想政治工作的办公场地和办公环境大都是重合、一致的；

第二，企业文化建设与思想政治工作有着相同的对象目标，其本质都是强调以人为本，然后在思想政治工作同企业文化结合的基础上，使企业的工作开展可充分面向企业内部更广阔的职工队伍，为其提供高质量服务，为其提供行业精神层面的支持与保障；

第三，企业文化建设和思想政治工作往往会采取相同的方式，以宣传推

广教育为主，在宣传推广教育中输出企业文化和关键性内容，并使这些内容能够深入到每一个员工的内心里，实现企业内部的思想认知统一，促进企业内的团队合作，形成发展合力。

由此可见，当前企业开展文化建设工作时，需能够组织更多有意义的文化活动，并为企业开展思想政治工作提供载体，不断加速着企业文化创新工作在具体执行中的创新，也构建起了企业更具时代价值和时代特征的思想政治工作模式。另外，从二者结合来看，思想政治工作同样为开展更高质量的企业文化建设，提供了方向指导，客观上保证了企业文化建设工作的整体质量。目前，需能够进一步做好企业文化建设与思想政治工作的融合，在企业发展中树立起新的理念，并积极践行社会主义核心价值观。

二、企业文化建设与思想政治工作的关联

现代大环境下，无论是从思想政治工作层面思考，还是从企业文化建设层面思考，二者均为企业的基础性工作，二者之间一方面存在着共性，另一方面也存在着差异。不过，从文化建设和思想政治工作在执行中所表现出的根本性目标来看，其关键点都在于聚焦企业职工的思想认知与政治觉悟，在开展高质量思想政治教育的基础上，实现企业内每一名员工的正向引导，使其具有更好的工作积极性，也能够提高企业管理的秩序。从工作范畴角度来看，二者之间仍然存在一定差异。从企业开展文化建设工作来看，本质上是新环境下对企业文化建设工作提出的新要求，而思想政治工作则更多建立在企业政治层面，是一项政治性质的工作。企业在开展思想政治工作时，需能够始终坚持大局意识，并将如何提高企业发展经济建设设置为中心环节，从而更好地为我国社会主义建设服务。而在开展文化建设工作时，重点在于在企业内部建立起良好的文化环境，从而帮助企业构建起更具凝聚力，更具创造力和更有积极性的工作氛围与环境，并能够在工作实践中，一并实现面向广大职工的正确思想指导，以及在开展管理工作期间，使企业内广大职工能够形成高度的文化认同感。

三、企业文化建设与思想政治工作的重要性

（一）有利于发挥出企业的积极作用

在高质量执行思想政治工作期间，可聚焦于企业政治层面，对企业经营发展进行引领，以及面向企业日常工作，对其进行统筹与协调，从而在客观上促进企业的文化工作发展。从企业文化实施的角度来看，个体与组织之间往往存在着一定差异，这就给企业的文化理念建设带来了一定程度的影响。因此，企业便可以通过思想政治工作的方式促进企业职工的交流与互动，更具针对性地对各类问题进行处理，从而在企业内部建立起良好的团队凝聚力。如此一来，当企业职工面临个人利益与集体利益的矛盾时，便能够更好地权衡其中利弊，从而做出正确的选择。

（二）有利于为企业发展提供物质基础

企业文化是现代企业核心竞争力的重要表现，反映为一个企业共同认同的价值观念，并在企业经营发展中逐步形成。通过企业文化的建设，也能够为开展思想政治工作创造有利条件，并同样面向企业内部人员提供更加良好的工作环境与氛围。实践中，企业需做好各项活动的组织设计，并能够积极引导广大职工参与到活动中，从而提高企业内部的团队凝聚力。此外，企业文化建设工作也在一定程度上依赖于思想政治工作，并影响着企业的发展决策方向。

（三）有利于提高企业员工的整体素质

新常态大环境下，需重新审视企业的思想政治工作，也在企业开展思想政治工作期间，提出了很多新的要求，并使得思想政治工作的核心逐渐发生着迁移，给工作开展带来了更大的难度。因此，当前需能够重点做好文化建设与思想政治工作的融合，并在实践中始终坚持以人为本的核心原则，以及同步做好与人民群众思想政治工作的紧密关联，使其在传播党和国家声音中，更加充分地发挥出广大人民群众的积极作用。同时，进一步提升问题分析解决的能力与水平，并始终立足于实际情况，加速各类复杂性问题的有效处理，加速政工人员综合素质的提升。

（四）有利于保障企业生产经营活动的顺利进行

企业在开展思想政治工作时，需能够以企业所执行的各项生产活动、经营活动为核心导向，并形成融合力量，然后在与活动进行紧密结合的基础上，确保企业的文化建设工作更加顺利有效，确保企业的思想政治工作更加顺利有效。因此，在实际开展思想政治工作时，需能够始终坚持实事求是的基本原则，重点针对各类意识形态问题进行处理，并同样深入到人民群众中。在此基础上，构建出具有更高素质的干部队伍，明确各项工作开展的标准、流程与规范，提高工作执行成效，提高企业核心竞争力。

四、企业文化建设与思想政治工作融合中存在的问题

（一）二者融合中存在的主要问题

针对企业发展建设提出了很多新的要求，尤其是在持续深化市场体制改革的大环境下，市场的规律与变动也直接影响着企业的管理。在此基础上，更多企业选择将如何提高自身业务指标和经济效益放在了发展管理的首位，从而忽略了文化建设工作和思想政治工作，导致企业的核心竞争力被不断削弱。同时，在日益严峻的市场竞争氛围下，同样给企业职工带来了很大的压力和负担。

（二）企业文化建设不足

文化建设是现代企业经营发展中的基础性环节。实践中，需企业能够把握好自身的历史发展情况和文化基础，然后建立起属于企业自己的文化，并在正确企业文化的指导下，一并做好企业职工的精神建设，更好地支持企业业务发展，提高企业经济效益。但从目前情况来看，一些企业未能够认识到文化建设工作的重要性，未能够在文化建设中表现出热情，或者仅仅是文化结构的外部形象建设，忽略了对文化特征的把握。同时，从企业开展管理工作的情况来看，同样未能够体现出企业文化的作用。

五、企业文化建设与思想政治工作融合的策略

（一）充分发挥思想政治工作的调节力，加强制度文化建设

健全、完善的制度是企业经营发展中的关键，也是提高企业核心竞争力，帮助企业规避风险的重要保证。现代企业在制度建立中，需能够把握好企业的各项行为，并确定企业的管理准则，在以上充分融合提炼的基础上，建立起更加科学的制度保障。同时，企业的制度文化也是企业开展经营过程时的重要执行依据和发展方向的，具有强制性和权威性的特点。在企业制定制度文化时，需能够面对企业内部全体职工，对职工的日常工作行为做好约束，是企业职工必须要遵守的准则。使企业能够在健全、完善制度文化的导向下，收获更好的发展。

具体来看，通过企业制度文化的建设，一方面，能够保障企业各项工作开展得有条不紊；另一方面，也能够提高企业的综合能力以及市场竞争能力。之后，企业对文化进行制定过程中，应当明确思想政治工作的保障作用，依托于思想政治工作支持，针对企业的文化建设进行高质量调节和优化，可提高制度文化建设的效率和质量。同时，通过思想政治工作，也能够促进企业职工之间的交流与互动，帮助企业职工更加充分地了解制度文化。而从管理者的角度来看，同样可以对职工进行心理与情感方面的教育，不断拉近企业内部人与人的距离，稳定企业职工关系，帮助企业广大职工在工作、生活等多个方面，形成高的思想认知觉悟，也能够给予企业内部更好的氛围环境支持。

（二）发挥思想政治工作的凝聚力，加强物质文化建设

现代企业经营发展中，物质文化是企业重要的外在表现，也直接关系着企业的形象。常见的物质文化包括但不限于企业品牌、产品质量等。企业是否能够取得高质量的物质文化，往往会受到企业业务能力和技术创新能力的影响。聚焦于我国当前环境整体，企业竞争力更多表现在了企业所反映出的物质文化方面。因此，还需重点做好物质文化的建立，并在物质文化建设中

做好与思想政治工作的融合，提升企业内部凝聚力，也能够在思想理论教育中，不断提高企业职工的集体认同感，尤其是在面对企业时形成更强烈的归属感，在彼此合力中一同实现企业的建设。

（三）发挥企业文化的引导力，做好行为文化工作

企业行为文化体现在多个方面，包括但不限于企业宣传活动，企业生产经营活动，企业人际活动等。而在企业行为文化建设中，也同时包括企业作风、精神风貌、经营方式等多个方面，是对企业整体价值观的体现和反馈。目前来看，在企业建设和展示行为文化时，职工始终发挥着不可替代的作用。

首先，在现代社会文明建设中，教育同样发挥出十分关键的引领作用。企业需在全面落实思想政治工作期间，形成思想政治工作的宣传指导方案，然后在方案执行中，使其面向企业的全体职工，形成企业全体职工的思想引导和价值启发，与当前社会整体和时代企业相契合，发挥出重要的作用和价值。之后，企业在构建组织行为时，也需要做好组织思想与文化建设工作的紧密结合，形成企业内部的行为模板，不断强化企业服务意识。

（四）发挥思想政治激励力，加强精神文化建设

精神文化建设是企业文化建设的基础性内容，但不同于其他方面的文化建设，往往很难直观感受。企业的精神文化体现着企业全体职工的价值观念，也是企业在当前时代背景下实现可持续发展目标的重要精神保障，也组成了企业更加完整的价值体系。从企业内部来看，企业树立起怎样的精神文化，往往直接体现着企业的思想观念、经营风格以及发展特点，更表现出一个企业的信念和理想。

从企业精神文化内涵的角度来看，一般会涉及多个方面，包括但不限于思想道德、意识形态以及企业文化，从而共同组成了企业的号召力和凝聚力，是当前企业能够持续稳定发展的重要基础和动力支持。如果企业不能建立起核心文化，自然难以继续前进。因此，在开展思想政治工作时，需企业做好激励，通过合理的激励措施，进一步鼓舞广大职工，并不断加强广大职工的精神文化建设，在企业内部形成更加安全、健全的核心文化体系。

综上所述，现代经济社会背景下，针对企业经营发展提出了更高标准的

要求，也给企业带来了更为严峻的市场竞争。在此基础上，为能够保证企业发展的持续性、稳定性，不断提高企业的竞争能力，还需重点做好文化建设工作和思想政治工作，并促进二者之间的融合，形成企业内部凝聚力、向心力，构建发展合力，这具有重要意义。文章从建设制度文化建设，加强物质文化建设等角度切入，论证了在实践中取得良好效果的成因。

参考文献

[1] 曹彬著. 企业青年文化建设与落地研究 [M]. 郑州：河南文艺出版社，2023.06.

[2] 曹书民，张丽花，田华主编. 企业文化 [M]. 北京：北京理工大学出版社，2021.05.

[3] 胡春森，董倩文主编. 企业文化 [M]. 武汉：华中科技大学出版社，2018.06.

[4] 李全海，张中正著. 企业文化建设与管理研究 [M]. 北京：中国商务出版社，2019.03.

[5] 李文彪著. 新形势下施工企业思想政治工作与文化建设研究 [M]. 长春：吉林大学出版社，2021.03.

[6] 邵长斌编著. 企业文化入门 [M]. 上海：上海财经大学出版社，2020.07.

[7] 夏楠著. HR 企业文化经典管理案例 [M]. 北京：中国法制出版社，2018.09.

[8] 岳晨光著. 企业文化本源探究 [M]. 北京：企业管理出版社，2023.03.

[9] 张莉著. 国有企业思想政治工作与企业文化建设融合研究 [M]. 成都：四川大学出版社，2016.07.

[10] 张亚光著. 中国思想与企业文化 [M]. 昆明：云南人民出版社，2007.08.

[11] 周斌. 企业文化建设要素框架 [M]. 杭州：浙江大学出版社，2020.12.